A leitura e o leitor integral: lendo na biblioteca da escola

Cyana Leahy

A leitura e o leitor integral: lendo na biblioteca da escola

Autêntica

CAPA
Victor Bittow

EDITORAÇÃO ELETRÔNICA
Glenda Milanio

REVISÃO
Vera Lúcia De Simoni Castro
Rodrigo Pires Paula

Leahy, Cyana

L4341 A leitura e o leitor integral: lendo na biblioteca da escola/ Cyana Leahy. — Belo Horizonte: Autêntica, 2006.

112 p.

ISBN 85-7526-188-6

1.Leitura. 2.Biblioteca escolar. I.Título.

CDU 372.4
371.64

2006

Autêntica Editora

Belo Horizonte
Rua São Bartolomeu, 160 – Nova Floresta
31140-290 – Belo Horizonte – MG
Tel: (55 31) 3423 3022 – TELEVENDAS: 0800 2831322
www.autenticaeditora.com.br
e-mail: autentica@autenticaeditora.com.br

São Paulo
Rua Visconde de Ouro Preto, 227 – Consolação
01.303.600 – São Paulo/SP - Tel.: (55 11) 3151 2272

Dedico este trabalho a *Tania Ecard,*
que comigo caminha nos rumos da Leitura há tanto tempo.
E também a quem muito me ensinou:
Paulo Freire e *Célia Lúcia.*

Os agradecimentos vão para
Cypri, primeiro modelo intelectual;
Hilton, que inaugurou meu vício de ler; e
Dulcinha, que ama livros e leituras.

Sumário

9 **Prefácio**

11 **Apresentação**

17 **A leitura no brasil**

21 **Da prática redentora à reflexão acadêmica**

21 *A gênese*

23 *A Pré-História*

28 *Um Bom Começo*

33 *Ecos da Escola*

38 *Episódios e Casos*

43 *Resultados: o Tríplice Aspecto*

51 **Revisitando o projeto**

51 *A Universidade e a Escola*

55 *Primeira retomada: o CIEP*

61 *Segunda retomada: a Escola*

65 *Alguns relatos*

76 *Avaliação*

86 *Refletindo sobre o conhecimento construído*

93 **Referências**

97 **Anexos**

99 *Anexo 1 – Indexação: síntese, exemplificação, temas*

101 *Anexo 2 – Exemplo de indexação*

105 *Anexo 3 – Questionários aplicados*

109 *Anexo 4 – Eventos*

Prefácio

A leitura tem muitos mistérios e encantamentos: a capacidade do ser humano de emitir sons e, por meio de sons iguais ou distintos, dispostos em dada seqüência, se comunicar com outros seres humanos; a habilidade de criar a si próprio e a vários mundos, físico, social, real, imaginário, utilizando os sons que emite como elementos organizadores; a transformação desses sons em sinais gráficos, pequeninos, que tentam reproduzir os sons, mas podem ser escritos e conservados por mais tempo, de geração a geração. Afinal, foi a escrita que determinou o aparecimento da História.

A leitura tem muitos mistérios e encantamentos. Em um quarto, em uma sala de aula, em um banco de jardim, em qualquer lugar, ela permite o deslocamento para terras distantes, para épocas passadas ou futuras; possibilita a aquisição de informação e torna companheiros reais personagens inventadas; transmite sonhos, divulga a ciência, possibilita a criatividade; faz o homem mais homem, abrindo espaço, perspectivas, futuros.

Tudo isso acontece em um ritmo que o próprio indivíduo estabelece. Sem maquinário, sem qualquer artefato mecânico, é possível ler calma e pausadamente ou impor ao texto um ritmo frenético; é possível saltar linhas, páginas, ir ao capítulo final para conhecer o desfecho; mas tem-se, também, a liberdade de saborear palavra por palavra, frase a frase, degustando a profundidade do conteúdo e/ou a beleza da forma. A leitura tem, decididamente, muitos mistérios e encantamentos.

É sobre tudo isso que este livro tratará. É claro que pessoas mal-humoradas, muito mal-humoradas, podem dizer que é mais uma tentativa de, na escola pública, levar as crianças, principalmente as de classes sociais desfavorecidas, a ler. É isso, mas é bem mais do que isso. É o relato e principalmente a experiência de transformação de um depósito de livros velhos em um ambiente prazeroso em que as crianças falam, debatem, representam, lêem e escrevem; percebem que a coisa pública a eles pertence, justamente porque é pública; aprendem que sonhar é característica essencial do ser humano e que sonhos são escritos, lidos, debatidos.

É a vida externa penetrando na escola, não como elemento indesejável, mas com pleno direito de cidadania. É o relato oral e escrito do cotidiano da criança, a análise dos fatos marcantes, o pensamento aplicado sobre a problemática real e diária. É a expressão da crítica, do sentimento, do devaneio, mostrando no troca-troca coletivo o que é marca individual e o que é comum a todos.

E é a própria vida que entra, ou vagarosamente ou de súbito, indicando que pessoas, mesmo pequeninas, são pessoas, não são máquinas, não são autômatos e, portanto, riem, choram, ficam quietas, mostram-se indóceis, respeitam e não respeitam regras, são boazinhas e são péssimas, mas podem crescer, se desenvolver, se abrir, se lhes são dadas oportunidades e não lhes erigem obstáculos. É, levar alguém a ler traz em si muitos mistérios e encantamentos.

Célia Lúcia Monteiro de Castro
Médica e pedagoga, doutora em Educação,
professora titular aposentada da Faculdade de Educação da UFF,
pesquisadora aposentada da Fundação Oswaldo Cruz.

Apresentação

A *leitura* exige adesões. Pessoas interessadas em mudar o rumo de nossa história, que ainda procuram por onde começar, devem saber que o caminho é a leitura. É por intermédio dela que se planta o primeiro parágrafo de uma sociedade mais justa e cidadã. Semeando leitura, colhemos o prazer de ler e entender, com seus dilemas e suas perplexidades, mas também suas alegrias e possibilidades. Grandes projetos e ações grandiosas fazem manchetes em jornais, rendem publicidade, envolvem cifras geralmente inviáveis, e costumam ter vida curta. Ler este livro pode não mudar nada: não há propostas inovadoras ou retumbantes, nem técnicas milagrosas. Mas quem procura construir modos de ler poderá considerar algumas das reflexões aqui desenvolvidas.

O princípio-base desta proposta está nas relações democráticas, fortalecidas pelo gosto compartilhado de ler. Contagiar pessoas com o vírus da leitura implica desenvolver plenamente as possibilidades de cidadania pela leitura consciente. As pessoas podem/devem viver mais inteiras e felizes.

Vários medos descaracterizam nossa sociedade. Há medos entre gerações, dentro das famílias, nas salas de aulas, nas ruas. Ouvi, outro dia, um conhecido ator e cientista social falar sobre a evolução desse medo – antigamente, temíamos os elementos da natureza, o inesperado, o medo atávico do escuro, da besta feroz, do mar violento. Hoje, temos medo da aproximação, do intercâmbio de experiências de vida, de aprender enquanto ensinamos, de ensinar enquanto aprendemos. Tememos nosso semelhante. Mas é somente estando com o *Outro* que podemos falar em seu nome, reivindicar seus interesses e necessidades. A leitura pode desmanchar fronteiras, estendendo pontes sobre as diferenças.

Para quê mais um trabalho sobre leitura na escola fundamental da rede pública no Brasil, tendo por centro de interesse a camada da população cuja preocupação primeira é com a sobrevivência diária, em condições precárias de vida? Como pode a leitura trazer algum benefício aos filhos desses brasileiros, que convivem com tantas carências de saneamento básico, alimentação, atendimento médico, escolas equipadas, cujos professores não são valorizados social, política, culturalmente, cujas famílias não têm reconhecidos seus direitos civis, estabelecidos como seu *direito* constitucional? Que benefícios ou acréscimos pode a leitura trazer a essa gente?

Se a mesma questão é feita a profissionais de línguas, a resposta costuma ser o "desenvolvimento da competência cognitiva". À parte o significado ideológico desse desenvolvimento e suas implicações político-sociais, é raro encontrar quem reconheça ou espere transformações mais profundas. Entendo que, para grande parte dos professores, o eixo central de interesse na escola é o desenvolvimento cognitivo *per se*. Talvez, por esse motivo, a escola esteja à beira da falência, e seja um local de pouco prazer.

Neste trabalho quero demonstrar as possibilidades de desenvolvimento de leitores conscientes para além da expectativa de suas professoras.

O ensino na escola fundamental em nossa sociedade é o fundamento da aquisição de um patrimônio cognitivo-cultural que pretende capacitar o indivíduo para se inserir no mundo do trabalho de modo produtivo e criativo, nos termos da lei. Se a escola reconhecer e validar as vozes dos leitores, procurando conhecer – e estimular – quem lê, irá até mesmo garantir sua própria sobrevivência como instituição histórica, cultural e político-social.

No dia 19 de abril de 2003, uma manchete no Jornal do Brasil dizia: "Governo estimulará hábito de leitura" (p. A3), por meio da implantação do projeto *Leitura e Ação*, voltado a estimular o hábito da leitura entre os recém-alfabetizados, pela leitura de obras literárias que sofrerão modificações e terão uma linguagem mais simples, o que facilitará o entendimento dos textos. A "escrita rebuscada dos antigos" será substituída por uma linguagem *facilitada*, acessível a "pessoas que ainda não têm um vasto vocabulário" (pessoas analfabetas têm dificuldade de comunicação?). Além disso, haverá uma *compensação financeira* para quem completar o curso de alfabetização e escrever uma carta; isso fará com que o aluno "esteja sempre motivado e não abandone as aulas".

Reservo-me o direito de não fazer quaisquer comentários, pois a notícia fala por si. Acredito, porém, que a obra literária só pode ser julgada pelo relacionamento que estabelece com seus destinatários, através da imbricação de conteúdo e forma. Simplificar um significa adulterar ambos. A leitura, no sentido mais amplo, mobiliza os destinatários-leitores a "emitir um juízo, fruto de sua vivência do mundo ficcional e do conhecimento transmitido. Ignorar a experiência aí depositada equivale a negar a literatura enquanto fato social, neutralizando tudo que ela tem condições de proporcionar" (ZILBERMAN, p. 110).

Sabemos que à escola fundamental cabe o papel primordial de formação do cidadão crítico, pois tem responsabilidades na produção de conhecimento significativo e relevante, de efeitos profundos e duradouros[1]:

> [...] a ação pedagógica propriamente dita é aquela que exerce a influência a mais profunda e a mais durável sobre a personalidade cultural dos indivíduos, pois que ela transmite, através de um capital de informações, os princípios eficazes de uma formação. (PASSERON)[2]

A escola pública, direito de todos, é oferecida a todo o povo brasileiro, conforme previsto na *Constituição de 1988*. A clientela dessa escola tem sido, na maior parte, a porção da sociedade que "não pode pagar por um serviço privado, nem arcar com o custo de dar um suporte cultural e intelectual a seu filho" (Z. Brandão)[3]. Até o início da década de 1970 (Lei nº 5692/1971), a procura pela escola pública por parte da classe média se devia à qualidade dos serviços prestados. O exame de admissão se incumbia de selecionar os "melhores", egressos de um primeiro segmento escolar feito na rede privada, para cursar o antigo ginásio e o 2º grau na rede pública, aí freqüentada pelos filhos dos abastados. Findo o exame de admissão, as vagas passaram a ser distribuídas por ordem de chegada; mudou a clientela e escassearam os investimentos públicos na escola. É a esse fenômeno que muitos professores se referem quando falam da "decadência da escola", do baixo nível intelectual dos alunos, que não são mais "como eram, no meu tempo", e outras falácias. Para vários colegas, trata-se, na verdade, de uma expectativa de conviver novamente com a classe média (ideal) como população escolar na rede pública. Esse é apenas um dos argumentos que explicam o atual estado da educação escolar.

Vinte anos depois, com o persistente empobrecimento generalizado da população, houve um retorno do estrato médio à mesma rede pública, carente

---

[1] Alguns autores afirmam que a escola representa um papel secundário no processo de reprodução da relação capital-trabalho, resultante da *herança* (BERTAUX, in SAFFIOTTI, p. 203). Penso que, embora profundos e duráveis, os efeitos da instituição escola variam de pessoa para pessoa, de grupo para grupo, de classe para classe, de comunidade para comunidade.

[2] In: Teoria e Educação n. 5, p. 4.

[3] In: *Revista O Valor do Ens o Público*, 1990, p. 8.

de recursos para manter seus filhos em escolas particulares. Por motivos pessoais e políticos, até por ser funcionária pública (professora universitária federal), tenho interesse especial pela maioria absoluta de brasileiros. Assim, procurei desenvolver o trabalho específico descrito neste livro com estudantes da escola pública, ainda na educação básica, sem facilidade de aquisição particular de livros.

De modo geral, bibliotecas e salas de leitura são meios desestimulantes, carentes de uma política permanente de incentivo ao ato de ler. Estudantes são especialmente ignorados como leitores. As poucas iniciativas encontradas geralmente dependem inteiramente da boa vontade e das características pessoais de quem as conduz. Ainda se pressupõe que bibliotecas são para as escolas de orientação acadêmica onde estudam os ricos, e as oficinas são para as escolas profissionalizantes dos pobres (Cunha; Niskier, p. 121).

Penso que a biblioteca escolar pode constituir um fator de estímulo e renovação do processo ensino-aprendizagem. A leitura por prazer diverte, informa e ajuda a construir conhecimento e novas criações (Antunes, *Anais do 7º COLE*, 1991, p. 103). Entendo a leitura de livros de literatura infantil e juvenil como um rico recurso transformador à disposição de professores e alunos, capaz de modificar comportamentos de forma profunda.

A proposta aqui descrita teve como localização a biblioteca escolar, sala de leitura ou equivalente, geralmente um espaço pouco e mal utilizado pela escola. Esclareço que uso os termos bibliotecas escolares ou salas de leitura para designar o local onde, nas escolas, são expostos livros para consultas dos usuários, com a presença de professor responsável pela organização do serviço e atendimento[4]. Freqüentemente, alunos procuram a biblioteca da escola, quando existente, para "pesquisar" (compilar dados sobre) assuntos indicados em sala por seus professores, sem referências específicas nem acompanhamento docente. Manda-se o aluno "pesquisar" como medida disciplinar e, muitas vezes, para que leia (e copie) determinado assunto, em substituição à explicação do professor. Já nas salas de aula, a maioria dos trabalhos envolvendo leituras tem por meta a "interpretação" de textos, por meio do preenchimento de fichas e/ou da elaboração de redações.

---

[4] O trabalho no CIEP foi desenvolvido de 1989 a 1991 na Sala de Leitura, construção anexa ao prédio principal, e que passou a se chamar Biblioteca Escolar (por determinação da Secretaria Estadual de Educação, em 1990); com a mudança de governo, voltou a se chamar Sala de Leitura. Há, atualmente, a coexistência das denominações na rede de escolas estaduais. Não tivemos acesso a documentos oficiais que tratassem do assunto nas secretarias das escolas, nem na Secretaria Regional de Educação na cidade.

O trabalho de dinamização da leitura na biblioteca se realizou com crianças e pré-adolescentes já alfabetizados, razoavelmente competentes na decodificação de signos, cursando da 2ª à 4ª séries do ensino fundamental. Eu os queria leitores, críticos e participantes, com voz e vontade. Meu papel foi procurar mediar a descoberta da vida oculta entre as capas do livro literário, contribuindo para o desenvolvimento integral desses alunos-leitores.

Acredito que a política de base se faz no dia-a-dia, na escola, em casa, ajudando a dar à luz leitores e a abrir seus olhos para um mundo complexo e instigante. Por isso, proponho a perda do medo de compartilhar, de ser e fazer, e acima de tudo, de ler. O medo da leitura é que nos faz seus censores.

Esta é a história de uma experiência coletiva, interpessoal, realizada em biblioteca de escola pública estadual. Bem sucedida, foi levada a duas outras bibliotecas escolares, com características distintas. Essa renovação rendeu, além da certeza de que a experiência era boa, válida e valiosa, conhecer e ganhar a amizade inestimável de Tânia Ecard, professora de ensino médio da UFF. Colaboraram também nessa realização Regina Célia Rosa, então Diretora do Curso de Biblioteconomia da UFF, e Gleiber Macedo, à época graduando em Pedagogia e monitor de Didática na UFF, sob minha orientação. A Tânia, Regina e Gleiber, às professoras que acreditaram, e às crianças e jovens que ajudaram a construir um projeto que deu certo, meu profundo respeito e gratidão.

Vamos, então?

Cyana Leahy

A leitura no Brasil

Embora a leitura coexista na sociedade urbana (sob a forte influência dos meios de comunicação) e na escola, ainda estamos longe de experimentar o exercício pleno de seu papel conscientizador: ainda carecemos de uma política concreta de *letramento*. Em sociedades capitalistas, como a nossa, consumir é imprescindível, é sinônimo de felicidade, ainda que (muito) temporária, tão logo se eleja outro objeto de desejo. São os meios de comunicação que ditam as regras do consumo em todas as classes sociais. Isso também ocorre no terreno da leitura, ou do consumo de livros. E a sociedade lerá apenas os *best-sellers* indicados para consumo, com base em critérios pouco divulgados e raramente questionados.

> A questão da coerência entre a opção proclamada e a prática é uma das exigências que educadores críticos fazem a si mesmos [...]. Daí que nosso discurso, incoerente com a nossa prática, vire puro palavreado. (FREIRE. *A Importância do ato de ler...*, p. 29)

Se perguntarmos aos professores em geral sua percepção de leitura e de biblioteca, a maioria dirá que "ler é importante", "estimula, enriquece, auxilia nos estudos formais", desenvolve o intelecto, além de "integrar os alunos"[1]. Nesse desfile de lugares-comuns, ao passar do discurso à prática, vemos profissionais de ensino, em grande parte licenciados (com nível superior

[1] Conforme dados obtidos em pesquisa sobre hábitos de leitura (anexo 3), enquanto os alunos das escolas equipadas com bibliotecas ativas lêem revistas em quadrinhos e livros infanto-juvenis em casa e na escola, suas professoras consomem *best-sellers* de bancas de jornais. Nos meses anteriores à aplicação dos questionários, nas férias escolares, os alunos leram histórias em quadrinhos (sem acesso aos títulos apenas disponibilizados na escola), e suas professoras, livros didáticos, considerados itens de leitura.

completo), que consomem como leitura revistas românticas e romances anunciados pela televisão, adquiridos em bancas de jornais, selecionados sem preocupação literária ou cognitiva que não a curiosidade provocada pela mídia. Não falam em freqüentar bibliotecas públicas, livrarias ou sebos. Ao final de suas férias, procuram nos livros didáticos os esquemas das aulas a serem dadas, e consideram essa busca como leitura efetiva. Seu compromisso com a atualidade, com a história de seu tempo, se dá basicamente por meio da leitura irregular de jornais e revistas. Ao mesmo tempo, medem os hábitos de leitura de seus alunos por critérios outros, julgando como valiosa apenas a leitura do cânone literário.

> Fazer a História é estar presente nela e não simplesmente nela estar representado [...]. Quanto mais conscientemente faça a sua História, tanto mais o povo perceberá, com lucidez, as dificuldades que têm a enfrentar, no domínio econômico-social e cultural, no processo permanente da sua libertação. (FREIRE. *A Importância do ato de ler...*, p. 47)

Sabemos que desde as primeiras séries escolares é imperioso aproximar o/a aluno/a da leitura. O livro didático é, freqüentemente, baseado em materiais alienadores, preconceituosos, seletivos e excludentes, mantendo conotações de aviltamento do negro, do índio, da mulher, do idoso. Além disso, costuma idealizar condições de vida inalcançáveis para a maior parte da clientela a que se destina, e trata de forma arbitrária a "igualdade de oportunidades" e o sistema político-social. Assim, não serão esses materiais escritos que irão despertar, na escola, o prazer de ler, nem promover a aproximação crítica e consciente da leitura. Na verdade, o acesso à literatura de lazer se restringe à biblioteca escolar, quando existente, e seu alcance é bastante limitado por variadas questões, dentre as quais:

- o acervo é antiquado e desinteressante para a clientela, em precárias condições de manuseio, geralmente doado por particulares sem preocupação com os leitores, mais interessados em se desfazer de títulos obsoletos ao limpar as estantes de casa;
- é notório o despreparo dos profissionais que atuam na biblioteca escolar, quase sempre professores em final de carreira, ou afastados de sala de aula por motivos variados; são profissionais nem sempre com formação afim com a educação pela palavra (Letras, Ciência da Informação, Comunicação etc.), que saibam atrair e manter leitores;
- falta entrosamento entre a sala de aula e a sala de leitura/biblioteca, cujas atividades, quando existentes, acabam por se perder do contexto escolar e de seu currículo estático e auto-referente. Com isso, deixa-se de

enriquecer a experiência dos alunos, que visitam a biblioteca para as raras e inadequadas "pesquisas" pedidas por alguns professores, ou para recreação esporádica;

- falta verba para a aquisição de acervo adequado à clientela;
- havendo verba, não é raro que falte autonomia para que cada biblioteca escolar possa decidir de forma independente os títulos que interessam à sua comunidade. A tutela do Estado como único responsável pela cultura escolar ou letrada não só é prejudicial, posto que uniformizadora, mas também ineficaz, deixando a desejar por não fornecer materiais adequados e suficientes, e por não estimular a busca independente – não apostando na emancipação do ser humano e de seu meio;
- a leitura costuma ser obrigatória e uniforme para toda uma turma, prática opressora – ainda freqüente nas salas de aula escolares – que desestimula a busca, a criatividade, a curiosidade literária, principalmente se seguida de fichamentos de leitura, forma inadequada de cobrança bastante repudiada pelo alunado.

Uma biblioteca bem equipada é campo fértil para a busca autônoma, instigando leitores a decidir por si mesmos e a construir seus próprios critérios de *gosto*.

Em conclusão, podemos dizer que a biblioteca tem um papel de difusão do conhecimento e de aglutinação das manifestações culturais do ser humano. Entretanto, essa não parece ser a realidade encontrada na maioria das bibliotecas escolares no Brasil. Para mudar esse paradigma é necessário, além do aspecto material, que possamos contar com melhores condições pedagógicas, materiais, físicas e sociais para atrair leitores e não-leitores, com propostas significativas de animação e dinamização de atividades de leitura.

Da prática redentora à reflexão acadêmica

A Gênese

Considero como gênese do projeto de *Dinamização da Leitura na Biblioteca Escolar* a experiência realizada numa pequena escola estadual situada no bairro de Pendotiba, em Niterói, com as oito turmas (2ª, 3ª e 4ª séries) do primeiro turno (sem grupo de controle[1]), durante os anos letivos de 1986, 1987 e 1988. Esse projeto de *pesquisa educacional* gerou minha dissertação de Mestrado em Educação na Universidade Federal Fluminense, defendida em 24/08/1989[2]. A proposta inicial buscava muito mais atender à minha ansiedade como professora de línguas, frustrada pela permanente e crescente "incapacidade cognitiva" de leitura dos alunos de ensino médio, do que estabelecer um padrão científico ortodoxo, fiel às prescrições metodológicas para fins estatísticos[3]. A partir do primeiro ano da bem-sucedida experiência

---

[1] Seria grupo de controle, nesse caso, uma turma privada do projeto, para que pudesse ser feita a comparação entre grupos com e sem um trabalho de leitura, e as transformações efetuadas.

[2] A dissertação *Dinamização da Leitura na Biblioteca Escolar* incluiu uma parte teórica descrevendo e analisando os motivos, caminhos, descobertas e atos; o alcance dos objetivos, em três planos classificatórios (cognitivo, psicológico e sociológico); são também descritos os dados levantados, permitindo a melhor compreensão e o reconhecimento dos sujeitos – alunos e professoras – da pesquisa, modelo recomendado por Burke (1992). Incluí ainda um levantamento de dados informativos dos alunos e professoras da escola-sede e de outra escola do bairro, com biblioteca também ativa, comparando as diferenças entre alunos e professores de escolas com e sem biblioteca em funcionamento. Para tal, apliquei questionários em duas escolas públicas do mesmo bairro, com características gerais similares, mas sem atividade de leitura.

[3] A amostra foi de 240 alunos por ano, havendo a saída da 4a série (a última oferecida pela escola) e a entrada de novos alunos para a 2a série, no turno da manhã, entre 1986 e 1988. Apesar dessas alterações, a amostra me parece ter sido representativa.

de dinamização da leitura (1986) na pequena escola, comecei a pensar "academicamente" na experiência que vinha fazendo. Nos anos seguintes (1987 e 1988), agi como pesquisadora-participante em projeto de pesquisa-ação.

Entendo que esse projeto tenha se caracterizado como *pesquisa-ação*, pois pretendi examinar um problema crucialmente social, interferindo diretamente por meio do envolvimento pessoal nas atividades examinadas. De caráter qualitativo, visou à descoberta da construção feita e refeita durante todo o processo, em busca de novas respostas e indagações sobre o papel do texto literário no desenvolvimento da criança, para retratar a realidade de forma mais completa e profunda. O *processo* de encontro com o texto me preocupou tanto quanto o *produto*, ou seja, a descoberta do prazer e do saber vivo através de ler.

A *observação participante*, segundo Ludke e André, "é uma estratégia que envolve, pois, não só a observação direta, mas todo um conjunto de técnicas metodológicas pressupondo um grande envolvimento do pesquisador na situação estudada" (p. 28). Certamente, combinar vários tipos de abordagem de pesquisa me propiciou maior liberdade de ação durante o trabalho, permitindo utilizar diversas técnicas e instrumentos de avaliação, observando processos pedagógicos de leitura e entrevistando professores e alunos.

Na dissertação, propriamente, descrevi e analisei a experiência de trabalho na biblioteca escolar feita com metodologia original de leitura. Visando ao desenvolvimento integral do indivíduo, parti de uma necessidade político-pedagógica que, bem sucedida, foi problematizada academicamente. Posteriormente, a experiência foi replicada (Kerlinger) em outras duas escolas, com resultados iguais ou semelhantes, o que reforça sua validade empírica.

Critica-se a experimentação na pesquisa educacional, devido ao risco de artificialidade na ação. Minha proposta, porém, não se concentrou na testagem de uma teoria, mas antes na otimização de situações de vida real, com pessoas reais, em vivência natural do cotidiano escolar. Contrariando Kerlinger, tive o propósito político-científico de melhorar as condições humanas e sociais, pesquisando em seguida problemas de interesse pedagógico, lingüístico, psicológico e social, sem "ficar separada e protegida do barulho exterior" (p. 130).

Na problematização do trabalho, tive como pergunta-chave: houve alteração no comportamento cognitivo e psicossocial de alunos de 2ª a 4ª séries em escolas públicas estaduais, submetidos a um convívio gratificante e prazeroso com o livro e a leitura? Que tipos de alteração podem ocorrer?

Para Paulo Freire, todo ato de pesquisa é um ato político, assim como toda ação pedagógica é política, e vice-versa. Dessa forma, abri mão da chamada "neutralidade científica", utilizando o conhecimento acumulado em minha vida (*habitus*, segundo Bourdieu) e as novas evidências que tentei estabelecer no decorrer dos trabalhos, com a fluidez dinâmica característica da realidade do processo educacional.

O sucesso da ação dinamizadora na biblioteca escolar se refletiu diretamente no desempenho cognitivo dos alunos, confirmando a expectativa do corpo docente de que ler mais serve para escrever melhor. A proposta, no entanto, visou mais diretamente a aspectos como o desenvolvimento da auto-estima pessoal e o estímulo à fantasia e criação (aspecto psicológico), o reconhecimento e aceitação de seus pares e do poder da coletividade crítica e consciente na solução de problemas (aspecto sociológico), questões essas, via de regra, minimizadas na escola.

A Pré-História

Comecei a trabalhar na rede estadual no final de 1973, como professora de língua inglesa, recém-formada pela UFF. Estava segura de que meus alunos falariam inglês ao final da escola fundamental (antigo primeiro grau), seriam capazes de se comunicar oralmente e por escrito em inglês, poderiam viajar, estudar no exterior e outras grandes vantagens para o estudante bilíngüe brasileiro. Tais lendas sociais foram construídas na faculdade, trazendo, como se pode ver, uma profunda e elitista marca burguesa. A realidade que encontrei numa escola da Penha, bairro do Rio de Janeiro, foi um grupo de alunos homogêneo na pobreza, na carência, nas dificuldades e no tremendo esforço em continuar freqüentando a escola. Era o início do programa de merenda escolar; não obstante, não era raro que alunos perdessem os sentidos em sala de aula, por pura fome.

Parecia haver alguma coisa errada naquele processo. Eu vinha preparada para lidar com alunos ideais, fiéis ao modelo desenhado nos livros didáticos, para quem bastava uma aula bem planejada para que a luz se fizesse em suas cabecinhas vazias. Mas meus alunos reais teimavam em escapar do modelo, querendo apenas o mínimo formal necessário para conseguir uma vaga no comércio, na indústria, sobrevivência rápida e eficaz, imediata, em tempo presente. Futuro. Que futuro? Era realidade demais para meus planos de aula, minhas nobres intenções de anglicisar meu público... E eu soava ridícula a meus próprios ouvidos, fazendo-os caprichar na pronúncia britânica, repetindo as mesuras "certas", alheias a seu cotidiano e a nossa cultura brasileira. Para mim, era eu que estava no lugar errado, pois meus alunos não tinham visão de futuro, eram alienados, talvez debilitados intelectualmente pela fome, e outras falácias coloniais. Naquele tempo, não me ocorreu contestar a adequação do programa, do método (comunicativo! A última palavra em metodologia de ensino de língua estrangeira!), dos conteúdos.

Pausa no tempo. Pedi exoneração, casei e mudei. Retornei à rede pública anos depois, em 1982, já mãe de dois filhos. Concursada, novamente seria professora de inglês no Estado, agora no ensino médio (antigo 2º grau), em Niterói, preparando jovens adultos para passar nos vestibulares aos cursos superiores também da rede pública, para uma melhor inserção na atualidade, no mercado de trabalho, no progresso tecnológico.

Acreditando ainda na igualdade de oportunidades por meio e a partir da escola, procurei usar na rede pública os materiais e métodos de ensino-aprendizagem que tinha à disposição em conceituada associação privada de ensino de inglês, onde também trabalhava. Estava disposta a amenizar as diferenças levando por minha conta, para a escola, os mesmos materiais com que trabalhava no curso livre pago e freqüentado pela classe média alta.

Meus alunos chegavam exaustos de uma jornada de trabalho longa: eram empregadas domésticas, comerciários, empacotadores de supermercado, vendedores ambulantes, ajudantes de pedreiros, operários da construção civil, além de um ou outro filho de pais remediados, ali enviados como castigo por terem repetido o ano na escola particular. Assim, se minhas aulas não fossem um espetáculo semicircense, perdia meus alunos para o sono e o cansaço, e eles cochilavam nas carteiras. Ansiavam pelo descanso, mas também queriam terminar o curso e mudar de emprego, conseguir ascensão de cargo e melhor remuneração. Raros eram os que faziam planos de enfrentar um vestibular, desistindo de antemão de suas escassas chances, na competição com os egressos das "boas escolas" da rede privada[4].

No primeiro ano, com turmas ainda pequenas, foi possível despertar e manter vivo o interesse por falar inglês e aprender sobre as culturas anglófonas. Esse mínimo possível, já no segundo ano de trabalho, foi reduzido a quase nada, devido à multiplicação do número de alunos por turma. Agora com mais de 50 alunos à minha frente e ainda acreditando que os *diálogos* comunicativos eram o caminho, a verdade e a salvação do ensino de línguas estrangeiras, lutando contra todos os limites materiais, fui vencida pela impotência, frustração e sensação de desperdício de nosso tempo. Problema

[4] Havia ali alunos negros, pardos e brancos, nivelados na pobreza e na carência. Por esse motivo, questiono a reserva de vagas para negros e pardos nas universidades brasileiras. A justiça e a igualdade acontecerão quando a escola pública for a melhor de todas, fazendo jus aos impostos pagos pelo contribuinte brasileiro, sem distinção de raça, cor, gênero ou classe social.

das aulas de inglês? Meu problema? Nosso? Do horário? Meus colegas de outras áreas não eram menos frustrados, e todos se queixavam das dificuldades de leitura e escrita de todos os alunos, não apenas em livros e textos, mas nos enunciados de exercícios simples, nas questões de provas. Era geral a premissa de que *nossos alunos não sabiam ler*. O que estaria por trás disso, e como fazer alguma diferença? Dar aulas de inglês já não me estimulava mais. Meu interesse se situava onde eu achava que poderia fazer diferença, na cruzada contra o inimigo comum (a todas as disciplinas): a inexperiência de leitura.

Pedi transferência para a biblioteca da escola, passando a trabalhar no turno da manhã. Para surpresa de vários colegas, minha ida para a biblioteca não significava pôr a correspondência pessoal em dia, nem fazer tricô ou crochê tranqüilamente, à espera da ainda longínqua aposentadoria. Eu vinha movida pela descoberta e possibilidade de mobilização de toda a escola por intermédio de uma grande ação pró-leitura.

Escrevendo para editoras e consulados, consegui a doação de vários títulos interessantes e atuais, além de materiais de divulgação para murais e painéis. Juntamente com outros colegas, criamos uma campanha de estímulo à freqüência prazerosa na biblioteca, promovendo concursos de escrita e leitura, feiras do livro, troca-troca de gibis, semanas de autores, projetos literário-pedagógicos. Íamos de sala em sala explicando a importância de ler e detalhando o respeitável acervo da biblioteca. Colegas mais experientes no trabalho em biblioteca me ensinaram as normas técnicas básicas para registro, catalogação e indexação dos novos títulos, e de manutenção do acervo. Eu estava confiante e preparada para receber as hordas de leitores famintos que rapidamente chegariam.

Os meses se passavam e o número de usuários permanecia inalterado e pouco significativo: os mesmos alunos-leitores continuavam lendo, e os arredios à leitura passavam longe, à exceção das aulas vagas, quando turmas inteiras eram forçadas a ler compulsoriamente. Coordenadoras bem-intencionadas procuravam trocar os momentos de ócio no pátio, as conversas, namoros e encontros musicais, pelo proveitoso contato com a leitura, esquecendo-se de praticar a democracia do diálogo, de propor a ida à biblioteca, sem a impor. Entendiam que era uma utilização bem mais produtiva do tempo ocioso. A represália vinha por meio dos incontroláveis e inevitáveis atos de vandalismo, cujo alcance destrutivo era considerável: na mutilação de livros, nos riscos e rabiscos gravados no mobiliário, nos rastros de chicletes e balas colados em livros, móveis e no carpete, nos atos de agressão entre os próprios alunos.

Eu e os demais colegas atuando na biblioteca nos frustrávamos frente a dezenas de adolescentes e jovens adultos furiosos pelo cerceamento de seu direito de ir e vir no tempo vago. Ouvíamos, impotentes, seus desabafos. Preferiam estar em suas próprias salas de aula, no pátio, no refeitório, namorando, conversando, tocando violão. Por ser uma atividade imposta a turmas inteiras, não havia socialização positiva ali. E embora não agíssemos de forma repressora na biblioteca, para eles era punitiva a obrigação de lá permanecer.

Durante dois anos tentei, com parcos resultados, desenvolver um trabalho de leitura. Havia pequenos avanços, mas muitos recuos, principalmente ligados a ações antidialógicas ligadas à leitura. Desanimada, compartilhava com meus colegas a frustração. Pouco tempo depois, soube que a biblioteca de uma pequena escola de 1ª a 4ª séries na vizinhança estava fechada há muitos anos, por falta de professores. Imediatamente entrei em contato com a direção da escolinha e fiz minha proposta de dinamização da leitura na biblioteca. A recepção foi positiva, fui aceita, e pedi transferência oficial. Mestranda em Educação na UFF, eu iniciava a leitura de Paulo Freire, modificando minha visão do ambiente escolar.

Consegui desenvolver o trabalho na biblioteca da escolinha durante três anos, e essa experiência serviu de base para minha dissertação de Mestrado. Foi lá que realmente achei respostas para a maioria de minhas questões pedagógicas. Descobri que é possível, sim, ter bons leitores e produtores de textos na escola pública, com alunos oriundos das classes populares, que não têm livros em casa, nem pais que incentivem à leitura; que têm na televisão sua principal fonte de lazer, mas que, motivados, conseguem associar leitura a prazer. São crianças e jovens que se frustram com a reprovação escolar, formal ou disfarçada; cujos professores são formados, remunerados precariamente, e mal amados pela sociedade. Apesar de todas as adversidades, esses alunos conseguem se tornar leitores competentes. Como isso é possível? Os próprios alunos-leitores apontam os problemas e dilemas: precisamos, apenas, saber olhar e ver, escutar e ouvir, e aprender com eles até mesmo que, às vezes, não há solução possível.

Nos recintos fechados das bibliotecas silenciosas e austeras, as palavras parecem perder sua força transformadora; leitura e escrita escapam do processo de compreensão e domínio da língua e da linguagem, sem a criação e recriação/recreação necessárias ao ato pedagógico. Esvazia-se a relação dinâmica entre a leitura da palavra e a leitura da realidade (Freire, 1986, p. 44). Seres únicos que somos, com histórias individuais, temos que reconhecer o direito à própria palavra, à história de cada um, em seu tempo e espaço. Cada escola, cada turma, cada aluno tem sua história, contrariando a habitual generalização dos programas e métodos de ensino. Só por isso, já podemos condenar o ato obrigatório e autoritário de impor uma só leitura a toda uma classe de alunos, em direção a uma mesma cobrança final, cujo intuito é julgar a compreensão periférica e superficial de informações sobre o texto, ou o autor. Tal cobrança não parece considerar as mudanças de comportamento social, lingüístico e psicológico a que cada aluno é levado por meio da leitura.

Na visão da professora inocente e da sociedade em geral, a leitura na escola teria um papel fundamental de melhor capacitação lingüística formal, de domínio da norma culta: lendo mecanicamente melhor, o aluno veria aumentadas suas chances de contribuição para o mercado de trabalho, ascendendo socialmente. A leitura seria, dessa forma, mero instrumento de acesso ao próximo patamar econômico, com a aquisição de outros bens de consumo, com raras discussões e aprofundamentos temáticos, sem aproximação com a vida real, sem recriação, sem prazer. A leitura vista dessa forma utilitária corresponde à concepção bancária da educação, denunciada por Paulo Freire. As perguntas, sempre as mesmas, rasas e impostas, não contribuem para o aprofundamento da leitura (o que achou da história? Gostou do título? Quem são as personagens e o que fazem? Copie o trecho de que mais gostou. Comente o final da história) e exigem apenas habilidades de cópia, transcrição, justificativa superficial de opinião pré-induzida e, pelo volume a ser escrito – e raramente discutido – boa disposição mecânico-manual. E como a avaliação em geral é feita sobre os erros (e não os acertos) cometidos, os alunos progressivamente se arriscarão menos, atendo-se mais e mais ao texto, fonte, origem e fim do saber.

E o que os jovens leitores me mostraram na escola?

- Que a biblioteca não pode ser percebida como um espaço inóspito, frio e distante;
- que seu interesse maior dentro da escola é sempre por atividades que possibilitem troca, socialização, interação, em sentido inverso à proposta pedagógica da direção, coordenação e corpo docente, que costuma valorizar a aquisição de conteúdos específicos;
- que a prática de leitura compulsória e/ou uniformizada deveria ser firmemente repelida;
- que é esforço vão tentar atrair leitores por meio dos recursos didático-pedagógicos tradicionais, uma vez que seus hábitos de leitura na escola estão determinados pela relação negativamente comprometida entre texto e realidade;
- e por desconhecerem o prazer de ler, ou a leitura como forma de lazer, é urgente construir esse hábito prazeroso a partir da base.

Para mim, cada vez mais ficava claro o meu próprio percurso, de professora de inglês colonizada a facilitadora de leitura na biblioteca de educação fundamental. Percebi que a mudança de área e de ação foi provocada pela crença numa ação dialógica e ativa, tentando contagiar leitores, como possibilidade ótima de intervir na sociedade, qualitativamente. O maior privilégio no trabalho com leitura nessa escola foi descobrir pequenas pessoas prontas a me ensinar grandes lições.

Minha própria transformação se deu por meio do confronto com a realidade fora e dentro da escola, no desafio de vencer a impotência e a inércia que caracterizam nossas ações e pensamentos (falo de grande parte dos colegas professores). Ao mesmo tempo, estar na universidade, como mestranda, promoveu um inestimável espaço de reflexão teórica nas aulas, leituras, discussões com professores e colegas.

Afirma Gutierrez que a televisão se parece com a tia da escola: ambas são cegas e surdas; não são mudas, mas a professora perde no quesito comunicação, já que a televisão consegue envolver, persuadir, criar um padrão de comportamento, sem diálogo. A escola pode ensinar a reagir ao entorpecimento televisivo, atuando sobre a recriação criativa do mundo, a mobilização consciente, comprometida em libertar as pessoas das rédeas do consumo desenfreado[5]. Infelizmente, porém, temos uma escola burocrática que aposta em respostas pré-fabricadas e forma pessoas rotineiras, destinadas a apenas desempenhar um papel na vida social.

Para ser bem sucedida, uma experiência de dinamização da leitura deverá se basear na afetividade, na intuição, no humor, no movimento, na relação democrática entre todos os envolvidos, pessoas e textos, educando por meio do desenvolvimento de potenciais inerentes à própria vida.

Um Bom Começo

A pequena escola de 1ª a 4ª séries era situada em bairro semi-rural, ocupado por pequenos sitiantes, proprietários e empregados de hortas, que conviviam com a diferença guardada nos condomínios fechados de classes média e média-alta. As professoras lamentavam o fato da biblioteca estar fechada há doze anos, embora a diretora garantisse serem "apenas" dez. Dez ou doze, em primeiro lugar foi preciso arrumar o espaço e reorganizar o acervo.

---

[5] A industrialização da cultura difundiu o hábito de ler na burguesia, provocando a expansão do mundo editorial e a ampliação da rede escolar. Mas o livro infantil trouxe para os pequenos leitores a realidade dos adultos e seus valores de consumo (ZILBERMAN, p. 21).

Deixei para trás várias das normas técnicas que aprendera e procurei usar o bom-senso, agrupando o material de leitura nas estantes por assunto, classificando-o e usando tarjas coloridas por item (e. g. histórias de bichos identificadas por tarja azul na lombada dos livros; histórias de viagens, tarja amarela; contos de fadas, tarja verde; aventuras do cotidiano, tarja vermelha, e assim por diante).

Havia ainda na biblioteca velhos livros técnicos (de contabilidade, direito etc.), obras mutiladas, restos semidestruídos de festas antigas, enfeites desbotados, e até velhas fantasias de desfiles de escola de samba, levadas por doadores de espírito carnavalesco que, por falta de espaço em suas casas, sem querer se desfazer da lembrança, as haviam ali despejado. Era urgente fazer espaço para nossa sala de leitura[6]. Também na biblioteca eram guardados os materiais de limpeza, e estocados os mantimentos para a merenda escolar.

Eu havia sido recebida com agrado e boa vontade pela direção da escola, que concordou com a necessidade de tirar o "entulho" da biblioteca, e me autorizou a chamar o dono de um sebo para retirar da sala o material inadequado. Mas assim que demos as costas, o livreiro e eu, tudo foi novamente, diligentemente, recolocado em seus lugares na biblioteca. A diretora temia dispor levianamente da coisa pública, mesmo se tratando de livros velhos, fantasias de Carnaval e enfeites despencados. Afinal, aquele espaço vinha servindo de depósito durante tantos anos, que sua finalidade primeira fôra esquecida.

Com persistência, persuasão e algum esforço, finalmente o material de limpeza e de merenda foi para outro local. Quase três meses depois, com a biblioteca limpa e mais ou menos arrumada, o acervo lido, catalogado e disposto em prateleiras, visitei cada uma das oito turmas do turno da manhã, atiçando a curiosidade das crianças acerca do espaço até então fechado e inacessível. Eu falava dos livros, de leituras, do trabalho que lá faríamos juntos. Havia grande ansiedade pela descoberta da biblioteca, à qual as crianças se referiam como se fosse minha propriedade particular. Como muitos de nós, também aqueles alunos desconheciam lições elementares de cidadania, bens públicos, direitos e deveres. Suas professoras queriam prevenir uma grande frustração de minha parte, me inserindo na realidade da escola, relatando seus infrutíferos esforços de leitura literária. Afirmavam que "aqueles" alunos não se interessavam nem por histórias em quadrinhos!

---

[6] Esse, aliás, é um cuidado a ter permanentemente: se baixada a guarda, a biblioteca se torna o depósito do imprestável, o quarto de despejo da escola. Bibliotecas de escolas são o lugar eleito para estoque de doações inservíveis, com a aura de uma certa e suspeita caridade.

Além das coleções, enciclopédias, títulos infanto-juvenis e revistas, havia na biblioteca farto material de apoio didático, mérito da tenacidade dedicada da diretora. Como quase tudo na escola, infelizmente, também esse material era trancado a sete chaves: o importante era "ter" e não usar. Porém, generosamente, a diretora me concedeu autorização para utilizar esses materiais. De sala em sala, levei alguns deles para demonstração, oferecendo a cada professora minha ajuda, detalhando minuciosamente o instrumental existente. Preparei e dupliquei uma circular, que distribuí ao corpo docente dos dois turnos de funcionamento da escola, chamando a conhecer o acervo e os materiais de apoio didático disponíveis na biblioteca. Havia diversos flanelógrafos[7], quadros de pregas, álbuns seriados, murais, painéis, figuras, cenários, material concreto para todas as disciplinas, livros e revistas didáticos, fantasias para pequenas dramatizações, dicionários e enciclopédias, e até um certo *spinlight*, recurso vistoso com luz e movimento circular para o estudo de ciclos, com maxi-*slides*.

Durante os três anos de minha permanência na escola, que antecederam meu ingresso profissional na Universidade por concurso para o quadro docente permanente, fui procurada por apenas duas colegas, em duas ocasiões. A primeira buscava gravuras para treinar "redação descritiva" com sua turma; e a segunda pediu um flanelógrafo com figuras ilustrativas. Como costuma predominar no ambiente escolar, havia uma apatia acomodada entre as professoras, e mais ninguém recorreu aos préstimos materiais da biblioteca para suas turmas. As poucas que levaram livros emprestados levaram quase um ano inteiro para os devolver. Essas educadoras não sabiam identificar o motivo do desinteresse apático de seus alunos.

Logo no início dos trabalhos, pedi às professoras que indicassem o melhor horário para a vinda de suas turmas semanalmente à biblioteca, para duas horas de permanência. Sem obter resposta, insisti, indo de sala em sala saber suas preferências. Constatei que todas as professoras queriam o primeiro ou o último horário do dia, para poderem chegar mais tarde ou sair mais cedo. Nem uma delas sequer cogitou da possibilidade de participar das atividades na biblioteca, nem mesmo por curiosidade. Foi ficando cada vez

[7] Esses recursos estavam em voga nas décadas de 1960 e 1970: o flanelógrafo era um mural forrado de flanela ou feltro, onde eram afixadas figuras em cujo verso se colavam pedaços de lixa, que aderia ao tecido; o álbum seriado era uma espécie de bloco ou caderno de grandes proporções, com capas duras e folhas de papel presas de cima por "borboletas" metálicas. Sobre um cavalete, o álbum seriado era montado e, de acordo com a necessidade, as folhas viradas. O quadro de pregas era um mural forrado de papel pregueado; nas pregas eram inseridos os suportes das figuras, ilustrações e textos. Tudo isso integrava o arsenal de recursos didáticos das escolas do século XX.

mais claro que qualquer tentativa de mudança e renovação seria repudiada pelo medo, pela inércia. Elas eram vítimas de um processo de entorpecimento e desmobilização persistente e, até certo ponto, vencedor.

Porém, a falta de comunicação horizontal parecia ser o problema mais grave na escola: as professoras estavam sempre dando ordens, repreendendo, punindo seus pequenos alunos. Havia uma alternância entre a atitude de comando punitivo e a atitude amorosa e pseudoprotetora da "tia", espécie de mãe substituta. A atitude de mãe zelosa parecia substituir o compromisso político-profissional e a busca de competência técnico-pedagógica.

Entendo que educar corresponde a mediar o aprendizado de viver vivendo, preparando o educando para assumir responsabilidades numa sociedade em constante mudança. Há que lamentar o fato de que as perguntas e problemas vitais costumam permanecer fora dos currículos escolares, que perdem sua relevância no cotidiano discente. A leitura mostra o mundo "ao nosso alcance", quando começamos a organizar os conhecimentos adquiridos, estabelecer relações entre as experiências e tentar solucionar problemas. Se há impedimentos sociais, humanos, materiais, culturais, a aptidão para ler é tolhida, assim como a curiosidade acerca do mundo: aprendemos a ler lendo e vivendo.

> A curiosidade se transformando em necessidade e esforço para alimentar o imaginário, desvendar os segredos do mundo e dar a conhecer o leitor a si mesmo através do que lê e como lê [...] (MARTINS, p. 17)

Na linha inversa ao pensamento pedagógico conformista, que procura adequar o sujeito a uma sociedade que deve permanecer como está, eu pensava em trabalhar no questionamento do contorno social dos alunos, procurando alargar as fronteiras do conhecimento de si e do mundo, sem esquecer a fantasia, em um processo de crescimento abrangente. No caso, parecia mais importante abrir espaço para o jogo e a ludicidade na exploração não passiva do mundo, abrir espaço para a poesia como experimentação sonora e exercício de sensibilidade consciente, dando aos leitores o poder de dizer e de se dizer, o poder sobre a língua, experimentando encadeamentos simbólicos e metáforas.

Refletindo com Paulo Freire e Cecília Meireles[8] sobre as aquisições da infância e da cultura recebida oralmente – e que freqüentemente é o próprio conteúdo dos livros – eu pressentia a necessidade de valorizar a expressão oral dos acontecimentos de cada educando/a, suas histórias e experiências,

---

[8] Ver FREIRE, *A importância do ato de ler...* e MEIRELES, *Problemas da literatura infantil.*

suas emoções, ansiedades, e sentimentos. As sensações reconhecidas e declaradas, interagindo com sentimentos e emoções, seriam nosso material de reflexão construtiva.

Em estado de excitação e encantamento, de curiosidade pelo desconhecido, tudo isso junto a uma certa cerimônia na presença da nova professora, alunos de 2ª, 3ª e 4ª séries do turno da manhã começaram a freqüentar a biblioteca. De início mudos e tímidos, foram se transformando, após os primeiros encontros, em pessoas loquazes e curiosas, à medida que crescia a intimidade comigo e com os livros. Às vezes, era difícil conseguir dar a palavra a todos, controlar um pouco seu ímpeto entusiasmado para que pudéssemos pôr em prática as leituras e atividades planejadas, sempre procurando manter aberto o diálogo. A palavra, represada nas salas de aula, vinha em jorros. Nada disso surpreendia.

Surpreendia de modo grave, a meus olhos, o enfraquecimento das relações internas aos grupos, em termos de convívio e trabalho, como companheiros de turma e vida: não hesitavam em apontar erros, falhas e faltas uns dos outros, com visível hostilidade. Imaginavam que, com isso, se aproximavam mais de mim. Era a ação escolar antidialógica descrita e analisada por Paulo Freire (na *Pedagogia do oprimido*), baseada no dividir para enfraquecer e manter a opressão. Era nítida a maneira como quase todos os professores procuravam descobrir os infratores das regras, os rebeldes e indisciplinados, questionando, pressionando e valorizando os delatores. Lembra

> [...] instituições de educação e cultura, apoiadas em três pontos básicos: a vigilância constante, a delação e a aplicação ampla de castigos corporais. (PERROTTI, 1990, p. 91)

Desde o princípio, uma meta importante era mostrar às crianças que todos tinham dificuldades e problemas comuns, e que numa comunidade só se consegue atingir um objetivo de interesse coletivo por meio do poder da união. Os alunos se caracterizavam por humildade submissa, baixíssima auto-estima pessoal e social, resignação com o fracasso antecipado, alienação da realidade político-social (de seus direitos e deveres), desestrutura como comunidade, além de uma vaga tristeza. Naquela escola ninguém ria junto (ria-se de), ninguém cantava, não havia horário conjunto de recreio, apenas quinze minutos por turma para fazer a refeição e ir ao banheiro, em fila. Tudo em nome do controle da disciplina. Em compensação, abundavam os gritos das professoras, da diretora, até das serventes, dirigidos aos alunos. Muita repressão, pouca alegria, temor da hierarquia, servilismo dócil à autoridade adulta. Vi, freqüentemente, crianças sentadas de castigo durante toda a manhã, à porta do gabinete da diretora, sem merenda ("é pelo estômago que eles sentem mais", ela garantia), apenas porque tinham o uniforme incompleto (ato ilegal, a menos que a escola forneça o uniforme), por terem passado sem autorização ou de sapatos sujos pela recém-lavada entrada principal (os alunos só podiam usar as entradas laterais). As punições aplicadas às meninas, além desses motivos, tinham ainda por justificativa o fato de suas unhas estarem esmaltadas, o que era proibido pela direção. Muitas vezes, aconteceu de eu perguntar às próprias crianças porque estavam de castigo e elas desconhecerem o motivo. Porém, jamais o contestavam.

> Sem poder brincar livremente [...], a criança perde não apenas o espaço físico mas sobretudo altera estruturalmente suas condições de produzir e de se relacionar com a cultura, com a sociedade, com a vida política. (PERROTTI, 1990, p. 92)

Não creio que por trás desses atos houvesse extrema crueldade das professoras ou da diretora. Havia, sim, ignorância do arcaísmo e ineficácia de tais métodos repressores e injustos. Cansadas das várias jornadas de trabalho, não era fácil obter a atenção e o interesse de 40 alunos ou mais sobre assuntos desvinculados da realidade. Tudo isso gerava um enorme e mútuo desgaste psicológico, sem que lhes ocorressem idéias alternativas de ação pedagógica, e de contestação de imposições verticais e desvalorização profissional. Vítimas de um sistema social e escolar perverso, as crianças eram os réus da escola.

A partir daí, levando em conta essas características do ambiente escolar, urgia fazer da biblioteca um espaço agradável, alegre, um oásis de troca, humor, reflexão, desafio, liberdade, autoconhecimento e conscientização. Não parecia difícil. Para espanto dos alunos ali, onde tudo era trancado e escondido, expliquei que éramos todos co-proprietários do acervo, das instalações, da escola, pré-pagos com folga pelos impostos cobrados de formas implícita e explícita sobre nosso trabalho e sobre os bens adquiridos. E assim começou a mudança de visão do espaço público.

Ecos da Escola

Preciso reforçar que a primeira e fundamental condição para o desenvolvimento desta proposta de dinamização da leitura na biblioteca escolar foi – e sempre será – a familiarização com o acervo infanto-juvenil disponível. Assim, enquanto limpava e arrumava o espaço, registrando e catalogando os títulos, eu também ia lendo e organizando o acervo por tema. Somente após essa pré-fase é que os encontros na biblioteca da escola foram iniciados. Como eu trabalhava apenas no 1º turno (manhã), a biblioteca/sala de leitura não era aberta para leitura no turno da tarde.

O trabalho com os alunos começou com a vinda de três turmas por manhã, às 2as, 4as e 6as feiras, das 7h30 às 12h. Cada turma vinha em bloco, mas desacompanhada da professora: nem uma se prontificou a participar das atividades de leitura na biblioteca, apesar dos reiterados convites. Ficavam em suas salas de aula adiantando exercícios ou corrigindo trabalhos ou provas, e muitas vezes prendiam alguns alunos em classe, terminando de copiar deveres do quadro de giz, corrigindo exercícios, executando alguma tarefa atrasada. Obviamente, as tarefas de sala de aula eram sempre prioritárias às atividades de leitura.

Os alunos chegavam à biblioteca cheios de idéias, casos e histórias para contar. Cada turma era composta, em média, por 35 alunos, que se sentavam às mesas em grupos de 4 ou 5. Seus relatos de ocorrências, incidentes, situações problemáticas, eventos alegres davam origem a um *tema de trabalho*. Às segundas-feiras, era freqüente que o assunto girasse em torno de relações familiares, separação dos pais, convívio com as famílias adquiridas com as novas uniões de seus pais e/ou mães. Além de propiciar um importante espaço de desabafo das angústias e perplexidades, a valorização de sua oralidade despertava o interesse genuíno na palavra do *Outro*. Eu desestimulava palavras ou gestos de censura, crítica ou correção.

A partir do tema eleito e expandido no grupo, muitas vezes já trazido consciente e intencionalmente pelos próprios alunos, eu lhes propunha um título do acervo infanto-juvenil da biblioteca. Recomendava que, sempre que possível, trouxessem uma idéia ou assunto que gostariam de desenvolver em conjunto, discutir e ampliar. Depois de aceita a sugestão de texto, sempre relacionado direta ou indiretamente à conversa inicial de cada encontro, eu o lia de forma expressiva. Tínhamos duplicatas de alguns títulos, e nesses casos, eu sugeria a leitura conjunta em pequenos grupos, pensando em sua autonomia expressiva, sem minha interferência direta. Essa proposta raramente era aceita de bom grado, pois era mais fácil, cômodo e prazeroso ouvir a história, da forma dramatizada que eu lhes apresentava.

Por outro lado, a leitura expressiva facilita a "vivência" da palavra, sem a visão das imagens que ilustram e informam o texto, permitindo o exercício mais livre da imaginação sensorial e pictórica. Então, cada ouvinte podia criar, com sua imaginação, o próprio quadro da narrativa.

Finda a narrativa oral, vinha o terceiro momento: a escolha da atividade pós-leitura para desenvolvimento e aproveitamento do texto, dentro de nossos limites materiais. Uma das atividades prediletas era a exploração expressiva do texto, quer por meio da dramatização da história, da recontagem mímica, quer pelo desdobramento e/ou eliminação de personagens, ou pela re-escritura oral do texto com outras marcas discursivas. Também eram eleitas as atividades de interferência no desenvolvimento da história, ou no nome do livro, bem como a criação coletiva ou individual de imagens e/ou ilustrações, e a construção de painéis e murais recontando a história. Nesses, incluíamos elementos individuais de apropriação do tema, usando tinta, lápis de cor, papel, cola, figuras recortadas de revistas etc. Além disso, fazíamos animação, usando caixas de sapatos, por exemplo; ou a invenção de personagens, com máscaras de papel e de papel-machê. Também organizaram festa, promoveram comemorações e protestos; compuseram anúncios classificados, trocaram correspondência com alunos de outras escolas, confeccionaram livros e revistas, gravaram suas próprias vozes narrando fatos, contando e recontando suas histórias. Em suma, tudo o que pudesse ser inventado, lembrado e tentado para construir um significado pessoal dentro – e a partir – da palavra lida foi experimentado.

Foi unânime o repúdio à (minha) proposta de escrever sobre os livros, numa forma mais livre de *fichamento* de leitura – que confesso ter tentado induzi-los a fazer no início, por ainda carregar a crença utilitária de que leitura não-fichada é leitura perdida.

Após discussão, apresentação do texto e desenvolvimento criativo da leitura, fazíamos o empréstimo domiciliar: cada leitor levava para casa pelo menos um livro, semanalmente. Era habitual entrarem na biblioteca contando as histórias lidas uns aos outros, cada qual convicto de que a sua história era a melhor e merecedora de outros leitores.

A falta de solidariedade coletiva que tanto me preocupara inicialmente já não se percebia: após alguns meses o grupo se tornara cooperativo, estava fortalecido, aprendendo a viver numa comunidade atuante. Escasseavam as brigas, delações e a resignação muda perante as inexplicáveis ordens impostas pelos adultos na escola (qual a passagem permitida, que brincadeira no pátio era proibida, os motivos dos castigos, que eram quase sempre seguidos da tabuada tomada depois do horário, como punição matemática extra). Ao mesmo tempo, aumentavam as manifestações de curiosidade, o interesse por novas descobertas, para desespero de algumas professoras, para quem a expressão "porque, tia?" desafiava suas próprias inseguranças, sua autoridade docente.

Era inegável o sentimento de liberdade experimentado na biblioteca, como eram audíveis os risos e conversas animadas. Na verdade, boa parte das professoras se ressentia do que considerava um desperdício de tempo precioso nas brincadeiras da biblioteca, e que poderia ser mais bem gasto na aquisição de conteúdos em sala de aula. As conversas, leituras, debates e atividades desenvolvidas em torno da leitura não passavam, a seus olhos, de brincadeiras inconseqüentes. Algumas professoras, por outro lado, cobravam o direito de seus alunos irem à biblioteca, exigindo a compensação de feriados.

Alguns alunos pediam para ler em silêncio os gibis e brincar com os jogos que havia na biblioteca. Eram atividades que ajudavam a desenvolver habilidades de raciocínio e agilidade mental, permitindo, ao mesmo tempo, a elaboração de brincadeiras e tomada de decisões em conjunto, coletivamente. Se no início de nossos encontros, sua reação às histórias contadas vinha em coro uníssono – gostaram?, gostamos!! –, com o exercício das discussões, eles começaram a perceber que era possível discordar dos autores, e entre si; que podiam ter uma percepção distinta do mundo, reescrevendo a história, ou aquela história, à sua moda. Enfim, após o aprendizado democrático das características de gosto pessoal, das diferentes formas de fruir o texto, começaram a desenvolver seu próprio senso crítico, seu gosto literário, aprendendo juntos.

Ao final do primeiro ano de trabalho, havia leitores vorazes em todas as turmas, demonstrando crescimento cognitivo na maior facilidade de expressão e comunicação de sentimentos, emoções, idéias, cobrando inclusive seu direito a tempo, espaço e voz na biblioteca.

Permaneciam, porém, alguns problemas cruciais. Dentre eles, os principais eram as aulas vagas e o distanciamento docente. Sempre que um professor faltava, a biblioteca era acionada para tapar o buraco, desrespeitando a ordem estabelecida de atendimento às turmas. Minha recusa era certamente entendida como má-vontade: o que fazer com turmas acéfalas? Mandar para casa? Deixar brincar no pátio? O problema era que algumas professoras faltavam mais que outras; receber suas turmas na biblioteca fora do horário pré-determinado comprometia o trabalho de leitura dos alunos cujas professoras eram assíduas e pontuais.

Quanto às professoras, do início ao fim do projeto, continuaram alheias ao que se passava na biblioteca, sem exceção, recusando os convites para participar das atividades de leitura junto com seus alunos, perdendo, assim, excelentes oportunidades de interação, integração e conhecimento não-estereotipado de seus alunos. Eu me perguntava como fazer para as atrair para o trabalho, além dos reiterados convites, se eu já sabia que tentativas de conscientização forçada não funcionam?

Como trabalhar sem impor, sem que as pessoas "que sabem das coisas" imponham seu saber aos outros "que não sabem das coisas? (Merhy, p. 49)

Uma de minhas maiores falhas foi também ter me isolado, ficando satisfeita apenas com o trabalho desenvolvido com as crianças na biblioteca da escola. Foi com alívio que me vi dispensada das reuniões do Conselho de Classe, já que não havia avaliação formal em minhas atividades. Com isso, esvaziei ainda mais minha presença docente no espaço escolar, permitindo, com minha ausência, que algumas injustiças acontecessem: foram reprovados alunos que eram leitores competentes, mas que ainda não dominavam certas abstrações matemáticas, ou não sabiam conjugar verbos defectivos...

Apesar do Decreto Estadual nº 32.056 de 30/4/1958 reger a implantação de bibliotecas escolares no Rio de Janeiro, ainda há um grande número de escolas sem espaço de leitura. A sala de leitura, muitas vezes, não passa de um canto de corredor ou da sala de aula, equipado com poucas prateleiras e alguns livros didáticos, o que pouco tem a ver com a aquisição e desenvolvimento de um processo de leitura crítica e construtiva. Nas escolas razoavelmente equipadas, falta pessoal habilitado ou interessado, exercendo muito mais o papel de guardiões zelosos do acervo e das instalações do que de agentes de leitura. É urgente acreditar no papel transformador da leitura dinamizada e democrática, para tentar salvar o que resta da escola brasileira.

Dos 1271 títulos da biblioteca onde foi feito este primeiro trabalho, 327 eram: livros didáticos para uso do professor, livros de exercícios para os alunos (banco de livros didáticos) e enciclopédias. Estas, até então, eram mantidas fora do acesso dos leitores, por temor de perda ou avaria, sendo utilizadas apenas esporadicamente para pesquisas escolares. Aliás, as tais "pesquisas escolares" causam pavor no profissional de biblioteca, seja pela falta de especificidade do assunto a ser "pesquisado", seja pela ausência de orientação prática, agravada pela invariável ausência do docente responsável pela tarefa, que apenas manda seus alunos, mas nunca os acompanha, deixando-os entregues à bibliotecária. Restavam, assim, 944 obras para leitura na biblioteca e para empréstimo domiciliar: um acervo escolar considerável.

Para conduzir uma ação dinamizadora na biblioteca escolar que busque, além do prazer de ler, o desenvolvimento mais pleno do indivíduo e do cidadão, é necessário viabilizar, através da leitura, caminhos de autodescoberta consciente e comprometida com a realidade social, política, cultural. É fundamental considerar, nesse tipo de prática pedagógica, a discussão não imposta, a leitura não-obrigatória, sem avaliação punitiva. Os três momentos do trabalho – conversa inicial, leitura e atividade pós-leitura – aconteceram de forma espontânea e democrática, a partir dos interesses e desejos do grupo. Não há dúvida de que problemas e conflitos existem e virão à tona se o ambiente for propício. No nosso caso, a vontade de participar, de ouvir e de ser ouvido conduzia à autodisciplina, com os participantes dando e exigindo seu direito de falar.

Gostar de ler, querer mudar e acreditar numa visão dialógica da educação são ideais desejáveis, que deveriam caracterizar o perfil de todo educador. A escola, onde se passa tão longo tempo da infância e adolescência, deveria ser um meio receptivo e prazeroso: quem pode crescer, aprender, experimentar e criar sob permanente coação, repreensão, crítica e censura? Por outro lado, é justo que educadores não gostem de ler, não queiram transformar (para melhor) a escola, não pratiquem o diálogo?

Episódios e Casos

Relato, abaixo, alguns episódios ocorridos na biblioteca da pequena escola.

1.

O aluno João, da 3ª série, sofreu um acidente quando subia numa árvore no quintal de sua casa, caindo de altura considerável. Infelizmente, teve hemorragia interna e veio a morrer. Obviamente, foi intensa a comoção geral na escola. Todos experimentavam o sentimento de perda e perplexidade perante a morte, inexpugnável, definitivo. Na biblioteca, procuramos expandir verbalmente esses sentimentos, por meio de conversas sobre a morte, vida pós-morte, religião, perigos, acidentes; conversamos também sobre a valorização da vida e da amizade em momentos assim dramáticos. Não conseguimos encontrar um texto que desse conta da tristeza para fazer a leitura do dia.

No dia seguinte ao enterro de João, a professora de Educação Artística levou argila para a escola. Os alunos de duas turmas pediram para trabalhar na biblioteca e expressaram sentimentos e emoções concretamente, confeccionando em grupo um féretro completo. Essa foi a culminância do trabalho iniciado na véspera, na biblioteca.

Interessante é observar que, enquanto a outra professora e eu nos emocionamos profundamente com a capacidade que os alunos tiveram de expressar medo, angústia, dor e perplexidade através de outra linguagem (plástica), usando outro suporte (a argila), passando da palavra falada à escultura, a direção e as demais professoras rejeitaram profundamente a atividade, que consideraram mórbida e de péssimo gosto, como mais uma das excentricidades das professoras de Arte e de Biblioteca[9].

---

[9] A professora de Educação Artística pediu transferência para outra escola pouco tempo depois.

2.

Um dos alunos da 4ª série (manhã) trabalhava como auxiliar de jardinagem no período da tarde. Com seu salário, havia comprado o primeiro relógio. Mas em pouco tempo o perdeu para dois meninos de sua idade, que o assaltaram no ônibus. Ele chegou indignado, e esse foi o tema da manhã.

Discutimos a questão da violência, e a expandimos para outros problemas sociais, como o aumento do número de crianças vivendo nas ruas, a miséria, a atuação da polícia, as diversas formas de punição. A partir da discussão, propus a leitura de *O Praça Quinze*, de Paula Saldanha. É a história de um menino cuja mãe, solteira, é empregada doméstica em Paquetá; quando um dia ela engravida novamente, seus patrões exigem que o garoto mais velho (que viria a ser o Praça Quinze) seja mandado para uma instituição para menores carentes. Levado para uma fundação de "amparo" ao menor, ele sofre profundamente, solitário, saudoso da mãe e da ilha, até que consegue fugir e voltar para Paquetá. Logo o patrão o encontra e o devolve à fundação. Novas fugas e novos retornos se sucedem até que ele se revolta e opta por morar nas ruas do centro do Rio com outros jovens. O livro mostra a truculência da polícia e a solidariedade autoprotetora das crianças na rua.

Ao final da leitura expressiva, houve silêncio e emoção. Concordamos que nos cabia também uma ação mais concreta e eficaz, para além de pequenos gestos solidários, simbólicos, de caridade. Em encadeamento, tentamos identificar quem poderia atuar de modo efetivo na solução do problema. Para os leitores, a reflexão levou à autoridade máxima do país, o presidente da república. Entendiam que não havia ação por parte da autoridade por desconhecimento do problema. E escreveram cartas a Brasília, dando conhecimento ao mandatário do que ocorria com o povo.

Lembraram-se, então, de uma história lida anteriormente, *O que os olhos não vêem o coração não sente*, de Ruth Rocha... Eles acreditavam que, como o rei da história, após ter sido devidamente informado, o presidente da república passaria à ação. Aqui estão alguns trechos dessas cartas:

> Para mim, o governo deve ajudar essas crianças que estão abandonadas pelas ruas... que já estão virando ladrões de rua... Pensa bem, presidente, se você fosse uma daquelas crianças que estão passando fome, muita fome, é triste, não é? (C., 3ª série)
>
> Criança não tem que ficar pedindo esmola: o governo é responsável pelas crianças [...] (M., 3ª série)

As dezenas de cartas foram inseridas em envelopes, endereçadas e devidamente seladas, para que atingissem seu destino: Brasília. Porém, nunca foram respondidas.

3.

Um dos textos mais apreciados pelos leitores e ouvintes foi *O menino que descobriu o sol*, de Roberto Gomes. Essa leitura foi feita primeiramente após conversas sobre relações e conflitos familiares, freqüentes após fins-de-semana prolongados. É a história do avô que vai morar com o menino e seus pais e, claramente rejeitado por filho e nora, se mantém mudo em casa e desaparece por horas a fio durante o dia. Sua comunicação com o menino se faz por bilhetes trocados, colocados sob a porta do quarto de cada um. Um dia, o menino é vencido pela curiosidade e resolve seguir o avô para descobrir o segredo das horas de sumiço. Chegam a um circo de periferia onde o avô era o mágico.

Narrada de forma interessante e movimentada, com final relativamente aberto, isto é, sem conclusões moralizantes ou exemplares, o texto acompanha o leitor na releitura de seus próprios problemas familiares de rejeição, intolerância e dificuldade de comunicação. Para Bettelheim, há nesse tipo de experiência de leitura o "empréstimo repetido", o aproveitamento da história para a compreensão de si mesmo e de sua leitura de mundo.

Após a leitura, foram feitos trabalhos de expressão gráfica e ilustração da história recontada, tendo por legenda uma síntese verbal, em que cada leitor procurou representar sua opinião em uma só frase:

> Eu gostei porque o avô do menino fez uma mágica e encheu de óleo o chão e os soldados bateu com a cabeça e caiu. (C. M., 3ª série)
>
> Eu gostei muito porque o vovô era muito elegante e charmoso. (S., 3ª série)
>
> Era uma vez um velhinho que saía todo dia, aí o seu neto resolveu ir atrás. Eu gostei porque o menino descobriu o sol, e o sol faz parte da natureza. (J. M., 3ª série)
>
> Não gostei do avô, porque ele gostava de sair todas as tardes, porque eu queria ficar com ele. (A., 3ª série)

Esses comentários, se tratados de forma mais aprofundada, podem revelar dilemas e questões psicológicas importantes.

4.

Numa manhã particularmente bonita e ensolarada, após um longo período de chuvas, todos comentavam o colorido das folhas e flores, em contraste com o azul do céu – como se a natureza tivesse sofrido uma "faxina". Uma borboleta colorida entrou pela janela aberta, deu voltas sobre nossas cabeças e, finalmente, saiu. A conversa predominantemente sensório-visual nos conduziu à leitura de *Flicts*, de Ziraldo, seguindo-se a atividade de criação de uma cor única, de nome único, numa alquimia feita de lápis de cor, lápis-cera e giz colorido. Embora o trabalho tenha sido feito numa turma de 2ª série, quando as 3ª e 4ª séries viram os trabalhos expostos no mural da biblioteca, pediram para também fazer a atividade.

5.

Na linha de abordagem de problemas sociopolíticos, lemos *O que os olhos não vêem o coração não sente*, de Ruth Rocha, em associação com o conto "Governar" (in *Contos plausíveis*), de Carlos Drummond de Andrade. A leitura do primeiro texto inspirou a encenação da história, em que os leitores criaram um país imaginário: no texto, o rei desse país sofre de grave moléstia contagiosa, caracterizada por não ver nem ouvir quem é pequeno e fraco, mas apenas quem é grande e poderoso, o que o leva a abandonar o povo. As coisas só mudam quando esse povo se une, decidindo ganhar altura e sonoridade subindo em pernas-de-pau e portando megafones.

A linguagem é poética e o tema levou os leitores a uma séria reflexão, para além da graça e do riso. A essa altura, já convivíamos há cerca de um ano e era clara a transformação das relações internas no grupo: escasseara a antes habitual prática de delação das faltas alheias, um avanço de grandes proporções no sentido do respeito a si, ao *outro*, e da autoestima.

Quanto ao segundo texto, "Governar", havia sido duplicado com antecedência, à espera de oportunidade de leitura. Na noite anterior a esse encontro, muitos haviam assistido a um pronunciamento do presidente da república pela televisão. De manhã, os comentários críticos abundavam, levando à discussão do significado e complexidade de *governar*. Cada participante procurou definir sua idéia, e naturalmente todos propúnhamos uma ação que julgávamos importante, caso tivéssemos o poder político em nossas mãos.

Em seguida, distribuí as cópias mimeografadas do conto para uma primeira leitura silenciosa, seguida de nova discussão sobre o texto. A atividade pós-leitura eleita foi a elaboração de plataformas de governo, oralmente e por escrito, como se fôssemos candidatos em campanha. Seguiu-se uma votação.

> Se eu fosse presidente, trabalharia para o bem do povo, do bairro e da cidade. Botaria rede de esgoto, luz nas ruas, médicos nos postos etc. E colocaria também sinais de trânsito nas ruas perigosas e guardas para ajudar no bem das crianças das escolas e lugares movimentados. Pagaria todo mês uma arrumadeira para limpar a escola. Eu ia fazer isso e muito mais! (O texto escrito foi ilustrado com um desenho e o seguinte diálogo):

- Eu sou presidente e tenho direito de mandar você pegar meu lenço que caiu no chão.

- Você é igual a mim, eu não sou bobo! Pegue você mesmo, seu presidente! (D. M., 4ª série)

Se eu fosse presidente, eu limpava os rios, asfaltava as ruas, botaria sinais de trânsito, passarelas, faixas, placas indicando curvas etc., reformava as escolas, botava mais policiamento, fazia limpeza nas ruas, colocaria quebra-molas, faria calçada para os pedestres. Se eu fosse presidente eu cumpriria as minhas tarefas e tentaria ser igual às outras pessoas. (V., 4ª série)

Se eu fosse presidente eu ia amar o povo e melhorar a vida dele, colaborar e educar essas pessoas, [...] mandar asfaltar as ruas, botar posto de saúde e fazer as escolas mudarem. Como está não dá pra ficar. Eu ia fazer calçada para as pessoas passarem. Isto é se eu fosse presidente. (M., 3ª série)

[...] eu ajudava os pobres nas construções das casas de todo mundo, e fazia uma creche para as crianças pobres; botaria luz nas ruas, ia até as escolas para mandar limpar as escolas, e daria leite e uma boa merenda. E daria um ou dois ônibus para nossas escolas. E fazia um hospital para todo mundo. (J., 3ª série)

[...] eu botaria luzes nas ruas, ia aos morros, via como que estava e como que não estava; via os barracos. Ia arranjar serviço para os adolescentes que ficam andando por lá à toda, sem ter o que comer e o que se vestir. E também ia aumentar o salário para todos. Eu acho que assim este Brasil colorido de alegria iria pra frente. (S., 4ª série)

(Depoimentos colhidos em 1986.)

6.

Tivemos algumas oportunidades de trabalhar a *depressão* como assunto de nossas conversas, geralmente devido a problemas pessoais ligados à puberdade, familiares ou sociais. Um dos livros mais interessantes a respeito desse tema é *O coração de Corali*, de Eliane Ganem. Curiosamente, antes de começarmos a leitura, um dos alunos disse que, para ele, a tristeza parecia um buraco no peito, a mesma expressão da autora no livro.

Procuramos tentar identificar o buraco no peito de cada um, sua causa, tamanho, cor e, se possível, o remédio que dá algum alívio. Fizemos a representação gráfica em trabalhos individuais. O processo de externalizar concretamente o próprio sentimento negativo nos pareceu emocionalmente positivo e relevante, além de melhor identificado e compreendido, concretizado e co-repartido, já que cada um de nós carregava um – maior ou menor, mais ou menos fundo, ou colorido – buraco no peito.

> Eu me acho parecida, sim, mas é com o Menino Maluquinho. Porque eu sou alegre, gosto de brincar, gosto de inventar brincadeiras etc. Mas tem vez que eu fico muito triste e faço o mesmo que ele, vou para o quarto e tranco a porta e fico lá chorando e estudando[10] e pensando na vida. Mas de repente me dá um negócio que eu não sei o que é e saio correndo, gritando, pulando, alegre parecendo que eu vou explodir. Por isso me acho parecida sim, mas é feliz por dentro e maluquinha por fora, até meu apelido lá em casa é Edimara Maluquinha. (E., 3ª série)

Resultados: o Tríplice Aspecto

O trabalho desenvolvido com sucesso na biblioteca da escola fundamental de periferia foi centrado nos alunos, em seus interesses, se iniciando, desenvolvendo e concluindo, a cada encontro, na reflexão conjunta, na devolução organizada, sistematizada e acrescentada dos elementos entregues de forma desestruturada (FREIRE, 1987, p. 84). Essa estruturação ocorria principalmente nas atividades de dinamização pós-leitura expressiva, quando organizávamos conscientemente as idéias debatidas, lidas e reconhecidas no texto, na ação humanizadora, na expansão da criatividade.

Em síntese, o trabalho perseguiu objetivos específicos em três planos:

- *cognitivo*, na satisfação e busca de aprender permanentemente, indicando meios e caminhos para saber respostas;
- *psicológico*, na necessidade de mergulhar na fantasia, na magia e poesia para as redescobrir no cotidiano;
- *sociológico*, na historicização da vida e da cultura que mediaria a ação política crítica e consciente, desde os atos e fatos do lar, até os da escola e da comunidade imediata.

Esses objetivos foram alcançados e percebidos de forma imbricada, apesar da diferença de foco e a maior ou menor ênfase dada a determinado aspecto, em decorrência das necessidades permanentes e eventuais do grupo, nos diferentes encontros, e das características dos textos literários sobre os quais o trabalho de cada dia se desenvolveu.

Embora o aspecto cognitivo se revista de maior importância para a maior parte do professorado, foi possível observar a ocorrência de modificações substanciais também nos planos psicológico e das relações sociais internas.

---

[10] O que dizer da associação entre choro e estudo, feita pela aluna?

O *aspecto cognitivo* aqui está sendo considerado como a construção de conhecimento teórico específico de língua, literatura e leitura: especificamente, a ampliação de vocabulário, o domínio de estruturas gramaticais etc. Pudemos destacar, nesse plano, o melhor desempenho oral e escrito, a fluência descritiva e narrativa, o maior repertório de escolhas vocabulares. É possível que tal desenvolvimento esteja relacionado à conotação não-digestiva dos encontros de leitura, além da ausência de controle formal (fichamento de livros), havendo uma aproximação afetiva e não-censurada entre os educandos e o fluir de seu pensamento, sua oralidade. Por isso, considero difícil e artificial a separação das modificações observadas em níveis ou planos distintos, isoladamente.

Silva credita o crescimento cognitivo ao ato de ler:

> [a leitura] deve gerar novas experiências para o indivíduo, pressupõe enriquecimento do leitor, que descobre novas possibilidades de existência; facilita o surgimento da reflexão e da tomada de posição, através de uma crítica apropriada às obras escritas; deve ser instrumento de participação e renovação cultural. (*O ato de ler*, p. 96)

Em nossa biblioteca, houve ocasiões em que anedotas foram contadas entre os alunos, até mesmo de teor picante, fato até então inédito na escola. O sentir-se à vontade na biblioteca permitiu que soltassem a língua, contando casos, relatos emocionados sobre problemas pessoais, familiares, sociais; que abordassem questões despertadas por sua curiosidade ou angústia, como sexo, AIDS, o sobrenatural, ou a morte. Falar de todos esses temas de vida exigiu o intercâmbio de idéias, termos e estruturas cognitivas novas, e o amadurecimento discursivo para facilitar a reflexão, demonstrando níveis de transformação mais profunda, e que exigiram a integração dos planos cognitivo e psicossocial.

Partindo de sua realidade concreta para o texto, acredito ter havido maior aproveitamento cognitivo da leitura, pois na fase de reprodução criativa, expressões e estruturas do texto foram utilizados adequadamente no novo contexto elaborado[11]. Assim, pude perceber a ampliação no plano cognitivo pelo acréscimo de padrões novos aos já adquiridos, aumentando não apenas os recursos de expressão, mas também a espontaneidade, a coesão,

---

[11] Essa apropriação parece pertinente, pois não foi socialmente imposta, mas sim assimilada num esforço de maior clareza e acuidade de comunicação, que Mattoso Câmara classifica como "sentimento da correção que leva o grupo social a refugar muitas mudanças (erros) que apresentam no discurso" (p. 35). O conceito de *evolução* lingüística está na base do reconhecimento da mudança contínua da língua (*idem*, p. 36).

a articulação de estruturas mais complexas, a legibilidade de novos discursos e textos. Tudo isso facilitou a "reflexão, o conhecimento do mundo, comunicação e interação", embora seja "altamente improvável que o processo de ascensão social decorra unicamente do uso desse instrumento" (Júdice, p. 14)

O desenvolvimento cognitivo a que aqui me refiro corresponde à capacidade do aluno processar competentemente as informações recebidas em várias formas de linguagem, anexá-las ao seu repertório cultural e lingüístico, habilitando-se para interagir socialmente. Além disso, cabe ressaltar que todo o trabalho foi feito sem correção ortográfica, sintática ou estilística, sendo pedida apenas a clareza necessária à efetiva comunicação das idéias e pensamentos[12]. A valorização da expressão, sem a caça a erros ou acertos, parece ter contribuído para a fluência e busca de variados padrões de comunicação lingüística, pictórica, icônica: a língua não tem finalidade em si mesma, sendo sua função expressar a cultura para permitir a comunicação social (Mattoso Câmara, p. 35).[13]

Será válido, então, radicalizar na cobrança de coerência e correção absolutas a nossos alunos, expostos a variações de linguajar (Mattoso, p. 281) doméstico, à norma culta adotada pela escola e à fala alternativa (gíria) dos outros grupos sociais? Se o relato do texto lido pode ser feito pelo aluno com seu repertório próprio, houve compreensão. E se esse repertório surge ampliado e acrescido de sofisticação depreendida das leituras, melhor ainda, em se tratando de construção de conhecimento lingüístico-cognitivo. Como ocorreu em:

> Nós podia sim ir morar lá comprar ovos trocados por molas e penas. Sem o dinheiro não podemos comprar arroz nem feijão. Sem o dinheiro a gente não vive porque a comida é a nossa saúde. (E. J., 3ª série, sobre *Canequinho e o dinheiro*, adapt. Fernando Sabino).

E ainda em:

---

[12] Quanto à correção da linguagem verbal, cabe ressaltar que a língua é mutável; entendemos a evolução lingüística como inovações que, antes, rejeitadas como erros, agora, são aceitas e se propagam, havendo predisposição coletiva para a mudança (MATTOSO, p. 200). Como as alternâncias de pronúncia (crisântemo/crisantemo, boêmia/boemia), e outras, criadas e/ou propagadas pelos meios de comunicação, aceitas, repetidas e assimiladas pelos grupos sociais.

[13] A oferta de vocabulário variado permite a escolha, a preferência por certas palavras e locuções que "é um dos traços mais nítidos da linguagem de cada um de nós" (*idem*, p. 171). Para Pick (*apud* MATTOSO, p. 179), há quatro fases na gênese do enunciado: 1 – uma atitude para orientação da mente; 2 – a tomada de consciência psicológica; 3 – sentimento da expressão verbal em seu valor rítmico, natureza gramatical e conteúdo significativo: a construção na mente do esquema da frase; e 4 – a escolha dos vocábulos. Daí a importância de prover o leitor-produtor de texto com uma gama variada de vocábulos significativos, para que possa optar com maior riqueza e acuidade de sentido na escolha de seu enunciado.

> Eu queria que os menores abandonados tenham alimento para viver, que o menor abandonado tivesse remédio. Eu queria que os policiais não agredissem os menores abandonados. (E., 3ª série, sobre *O Praça Quinze*, de PAULA SALDANHA)

Esses relatos foram tomados após o primeiro ano de trabalho de dinamização da leitura na biblioteca escolar. Se os compararmos aos obtidos nos primeiros meses de trabalho, podemos observar a diferença:

> Eu gostei da história porque acabou feliz. (A., 4ª série)
>
> Gostei porque a história era muito alegre e o fim foi feliz. (J. C., 4ª série)
>
> Eu gostei porque achei os desenhos muito bonito. (C., 4ª série)

No decorrer do 2º ano, o senso crítico nas respostas e reações já aparece mais apurado, ao lado do emprego de vocabulário "de risco". Como em:

> A fazendinha me ensinou a cuidar dos bichos. Isso me interessa muito. Gostei. (R. N., 3ª série)
>
> Eu achei muito interessante porque é algo tão admirável do corpo humano quando os meninos ficam rapaz, quando desenvolvemos nós ficamos alegres porque a mostra dos nossos corpos tão interessante. (J.C.A., 4ª série, sobre a coleção *O Corpo Humano*)
>
> Não li o livro porque não agüentei. Gostei é das gravuras. (BT, 3ª série)
>
> Eu gostei da história *Ali Babá e os 40 ladrões* porque é chocante, emocionante e adorável. (LR, 4ª série)

Inicialmente, confirmando relatos de experiências com produção de textos na escola (Judice, Franchi), a escrita dos alunos se caracterizou pela extrema simplicidade e pelo uso invariável de recursos sintáticos simplificados (orações coordenadas e composição por justaposição), sem atenção às concordâncias verbal e nominal, evitando o uso de pronomes oblíquos, além de variados erros ortográficos que, às vezes, chegavam a bloquear a comunicação imediata. Ao final de dois anos de trabalho conjunto, houve aumento das relações de subordinação nos textos produzidos pelos alunos-leitores, a composição discursiva era mais clara, apresentando maior flexibilidade lingüística. Isso caracteriza, inegavelmente, um maior domínio das estruturas de uso da norma padrão do idioma.

Deveria nos preocupar o fato desses alunos não criarem suas próprias histórias, nem relatarem seus casos na escola, recorrendo sempre a textos já conhecidos, quando instados a contar um caso. Igualmente grave parece ser a opinião consonante e uníssona quanto à avaliação de determinado texto lido, carecendo de espontaneidade original e criativa. Sabemos que uma parcela da sociedade credita ao universo social "pobre de informações variadas" essa limitação dos alunos oriundos das classes populares. Quando observamos as atividades orais e escritas tradicionais na escola, percebemos a obediência a uma fórmula estereotipada. Na verdade, a escola deveria lutar para proporcionar aos alunos condições de participar na luta contra as desigualdades sociais inerentes às relações de dominação, ensinando tarefas técnicas e políticas por meio da linguagem. Creio que predomina o medo de errar e ser corrigido, humilhado, ou tratado como "diferente", menos competente.

> [...] não é sem graves conseqüências que se rompe o sistema lingüístico da criança, que esta se sente submetida a situações de ridículo no uso das expressões dialetais de sua linguagem doméstica e paterna: que se acrescente às várias formas de opressão e repressão a que já está submetida (enquanto oriunda de uma classe menos favorecida) a repressão lingüística e a opressão da normatividade "gramatical" e culta. (FRANCHI, p. 45)

Recomenda ainda Franchi que o professor possa compreender a linguagem da criança, em lugar de tentar deliberadamente transformá-la (p. 47).

> [...] a linguagem não é somente um instrumento pelo qual se vê o mundo através de um certo conjunto de categorias fixas e imanentes: a linguagem também é o instrumento de revisão e "subversão" dessas categorias pressupostamente imutáveis, possibilitando-nos passar de um universo de representação a inúmeros outros universos possíveis. (*idem*, p. 48)

O trabalho desenvolvido provavelmente auxiliou alunos-leitores a penetrar no universo da norma culta da língua portuguesa sem desvalorizar seu linguajar de origem, mas instrumentando-os melhor, já que, segundo David Crystal, as falas não são melhores nem piores: são apenas diferentes.[14] Na biblioteca, conseguimos reconstruir as relações entre os alunos, e entre eles e mim (professora, adulta), por meio de um relacionamento mais aberto e afetivo, superando o formal, autoritário e institucional. Podemos dizer que a estratégia utilizada no trabalho de leitura dinamizada foi, pela valorização do cabedal cultural do aluno, oralmente explorado, escolher os

---

[14] A palavra "primitivo" implica a aproximação inicial de escala ou padrão de desenvolvimento de alguma espécie; conquanto tais padrões possam existir em antropologia comparada, não se demonstrou que existam na linguagem (CRYSTAL, p. 10). Magda Soares denuncia a ideologia da "deficiência cultural", i.e., as classes dominadas estariam comprometidos por virem de um meio pobre em estímulos.

temas tematicamente vinculados e os textos lidos expressivamente para a classe. Na recriação dos textos, lançamos mão de dramatização, interpretação oral, ilustração de textos com desenhos, retitulação, reprodução e/ou recriação das histórias, individual ou coletivamente. Desde o primeiro momento, houve grande entusiasmo pela teatralização, atividade pós-leitura favorita. As histórias coletivas, a criação poética em pequenos grupos, os painéis ilustrativos feitos em equipes exercitaram manifestações individuais e coletivas acerca das histórias, auxiliando ainda a integração social "interna", no microcosmo de relações entre pequenos grupos, sem a delação e a censura crítica exacerbada e agressiva tão evidentes no início de nosso trabalho. Isso originou um comportamento social cooperativo.

É esse comportamento cooperativo que caracteriza o crescimento social, e que poderia ser dividido em interno (dentro da turma, entre colegas) e externo (no âmbito da comunidade maior, e político). Os alunos que conheci em março de 1986 eram parte de um grupo dividido, alienado, socialmente esfacelado, acrítico e manipulável. Nenhum aluno defendia seu colega do ridículo ou da injustiça. União, organização e comunhão consciente de interesses eram conceitos desconhecidos. A escola reproduzia a ação antidialógica da sociedade classista, dividindo para manter a opressão (Freire, 1987, p. 138).

Como já narrado, algumas professoras na escola valorizavam e mantinham a divisão interna em suas turmas, incentivando a delação, induzindo alunos a denunciar colegas, sob variadas e sutis formas de coação. Com isso, acreditavam agir em benefício da disciplina e da educação de seus alunos. De fato, a ausência de reação à opressão na escola se explica pela "irresistível atração pelo opressor e por seus padrões de vida, por parte dos oprimidos" (Freire, 1987, p. 49), uma crença difusa e mágica na invulnerabilidade do opressor.

> Na idade adulta, o indivíduo desvalorizado em sua infância julga freqüentemente que tem o que merece, o que é capaz de ter: ele mesmo forjou sua sorte, com suas magras capacidades. (Franchi, p. 3)

A escola, em geral, não costuma praticar o debate democrático de princípios e ideais, nem a salutar tradição da discussão aberta e igualitária. Não é novidade que os textos aprovados e adotados pelos órgãos de fomento e distribuição de materiais costumam vir carregados de conteúdos doutrinários de apelo à disciplina, à ordem, ao progresso de alguns, à resignação passiva de muitos, inculcando e reforçando a ideologia produzida pelas elites dominantes (Silva, 1987, p. 39).

Segundo Perrotti (1986), a escola tradicional usa o texto como pretexto para a complementação do trabalho escolar, como recurso didático (produto). Não costuma ver e valorizar, na leitura, seus componentes lúdicos e experimentais, nem catárticos, aproveitando no texto apenas os ensinamentos morais. Os contos de fadas resistem ao tempo e se caracterizam por satisfazer, ainda que temporariamente, a inquietação humana. As últimas décadas testemunharam a valorização da fantasia, do sonho, da emoção, acima da pedagogia moralizadora, por meio de obras infanto-juvenis não-maniqueístas, que representam valores e normas da sociedade em que se inserem.

A literatura infanto-juvenil de manipulação catequizadora é enfadonha e perniciosa, como manual de boa conduta e de formação do cidadão obediente e submisso, geralmente distante da fantasia necessária à criança. É na busca da satisfação das relações interpessoais que promovemos o crescimento interior, o prazer e o esclarecimento de nossos próprios dilemas. Na experiência de dinamização da leitura na biblioteca escolar, fizemos uso do empréstimo repetido, ou seja, o aproveitamento integral da história para promover a compreensão de si e do mundo. Nas atividades posteriores à leitura, objetivamos transformações psicossociais e cognitivas. Aliar contos de fadas tradicionais estrangeiros (primeira preferência dos leitores) a textos nacionais contemporâneos (que tratam de questões psicossociais) promoveu reflexões intercomplementares fundamentais para a formação integral dos leitores.

Nos exercícios pós-leitura, a introdução e o acréscimo de elementos significativos permitiram maior flexibilidade, favorecendo a parceria integrada entre o adulto narrador/autor e a criança ouvinte/leitora. As atividades pós-leitura se basearam nos níveis de pensamento daquelas crianças e jovens, pela observação, comparação, interpretação, resumo, classificação, crítica e imaginação, reforçando o tríplice aspecto do projeto pedagógico. Os resultados indicam ter havido uma marcante elevação da auto-estima dos leitores, tanto em relação à competência de ler e entender o lido, quanto com relação ao sentimento de pertença no espaço da biblioteca. De fato, havendo exemplo de leitura, torna-se mais fácil desenvolver uma atitude positiva de ter prazer naquela atividade.

Curiosamente, na opinião das professoras da escola, a dinamização da leitura não passou de apêndice recreativo. A ação do profissional de biblioteca escolar, em geral, é apreciada por incentivar a leitura e "os bons hábitos de limpeza, solidariedade e responsabilidade", mas é criticada por não executar tarefas práticas, como auxiliar os alunos nas tarefas e deveres escolares, não "dando estudo formal". Para muitos professores, o grande objetivo de uma biblioteca atuante é "desenvolver a clareza de expressão do pensamento, com aumento do rendimento cognitivo"; mas eles não têm idéia de como isso pode ou deve acontecer, nem conseguem, em geral, descrever um trabalho dinâmico e integrado de leitura na biblioteca. Essas opiniões foram colhidas através dos questionários aplicados (ver anexos).

Ouvimos sempre dizer que a falta de exemplo familiar é a causa básica do desinteresse dos alunos pela leitura, principalmente na escola pública: grande parte das famílias não tem condição financeira de aquisição de materiais de leitura, nem o hábito ou a disposição de freqüentar bibliotecas públicas. O desinteresse pela leitura também é creditado à "preguiça seletiva" dos alunos, ao poder apassivador da televisão, um lazer barato, fácil e alienante, à falência do sistema social brasileiro, ao ambiente inóspito da maioria das bibliotecas etc. Raramente, entretanto, encontramos professores que fazem um exercício de autocrítica consciente, reconhecendo sua responsabilidade na construção efetiva de leitores críticos e reflexivos. Sem incentivo, sem significado pessoal ou social, sem vínculo com a realidade, o texto deixa de cumprir seu importante papel de eixo da reflexão sobre o mundo e as relações sociais[15].

A biblioteca dinamizada percorreu um caminho político, passando de campo neutro (serviria para, brincando, distrair as crianças, e/ou ocupá-las, fazendo compilação/"pesquisa") a terreno perigoso (espaço de leitura crítica, contestação pela reflexão pessoal, aprendizado de vida com alegria e prazer), arriscando a sobrevivência aparentemente tranqüila do *status quo* escolar. Acredito que a pessoa se desenvolve plenamente se suas necessidades físicas, mentais, psicológicas e sociais forem satisfeitas. Nosso trabalho conjunto procurou, por meio da leitura literária na biblioteca escolar e partindo da oralidade valorizada culturalmente, atender a essas necessidades, para facilitar a realização integral de pessoas – crianças e adolescentes – não-priorizadas pelo sistema sociocultural e político-pedagógico da escola.

> *Ainda tenho medo de me afastar da lógica porque caio no instintivo e no direto, e no futuro: a invenção do hoje é o meu único meio de instaurar o futuro. Desde já é futuro, e qualquer hora é hora marcada. Que mal porém tem eu me afastar da lógica? Estou lidando com a matéria-prima. Estou atrás do que fica atrás do pensamento.*
>
> Clarice Lispector, *Água Viva*

[15] Pesquisa recente (2005) revelou poucas mudanças nesse quadro. A esse respeito, ler *A educação literária de jovens leitores: motivos e desmotivos*, C. Leahy-Dios *in* RETTENMAIER e RÖSING, *Questões de literatura para jovens*. Eaitora Universidade de Passo Fundo, 2005.

Revisitando o projeto

> *Conscientização não pára no reconhecimento puro, de caráter subjetivo, da situação, mas pelo contrário, prepara os homens, no plano da ação, para a luta contra os obstáculos à sua humanização.*
>
> (Freire, 1987, p. 114)

Como descrito até aqui, o projeto de *Dinamização da Leitura* foi bem sucedido, me rendendo uma dissertação e o título de mestra em educação. Na defesa, alguns comentários da banca me pareceram bastante pertinentes: será que, apesar de bem sucedido, o projeto seria uma experiência única, não duplicável, limitada à ação de poucos profissionais? Seriam raros os professores equipados com um bom cabedal de conhecimento geral, formação em língua e literatura, hábitos consistentes de leitura e uma relação de afeto e empatia pelos alunos-leitores? E que mantivessem uma visão ampla das possibilidades potenciais de transformação político-social pela leitura? Por outro lado, temos que nos perguntar se esse não é exatamente o perfil desejado para todos os docentes; em que aspecto o projeto de dinamização exigiria profissionais irrealmente ideais?

Outro comentário da banca estava ligado ao tipo de público escolar alcançado pela experiência: haveria semelhante sucesso em escolas localizadas em outras áreas, já que a escola-sede do projeto era pequena, ficava em área semi-rural da cidade, e atendia apenas às quatro primeiras séries? Seria esse um perfil específico, não-generalizável?

A Universidade e a Escola

A universidade é, por excelência, o centro de produção do saber, responsável pela disseminação de conhecimentos novos na sociedade que a financia, atendendo também a seus anseios e solicitações. Assim, tem ela o compromisso de contribuir para o processo de transformação social de forma efetiva, o que não se pode afirmar com clareza que venha acontecendo: a ação científica da universidade tem se dado em via de mão única. As críticas da sociedade dizem respeito à função de reprodução das classes sociais, à dissociação entre pesquisa e ensino e ao precário atendimento às necessidades da sociedade real, com a qual ela mantém limitado contato.

Embora serviço e utilidade públicos, a universidade (pública ou privada) pouco tem servido ao público, que assiste estático e distante à produção de saber dissociado do povo, propriedade de especialistas. O saber constituído na universidade deveria poder enfrentar os problemas mais agudos da nossa sociedade, prestando serviços relevantes aos movimentos sociais que visam a uma transformação graças à capacidade profissional específica de seus membros.

É no exercício de suas atividades-fim (ensino, pesquisa e extensão), em tese consideradas indissociáveis, que a universidade pode exercer esse papel social, participando das transformações que ocorrem no interior da sociedade, e interferindo no processo. É difícil falar no compromisso sóciopolítico da universidade quando o acesso à educação ainda é claramente seletivo. Precisamos esclarecer a posição dessa universidade frente às questões de democratização e qualidade do ensino, inclusive examinando as restrições de acesso à universidade pública, ainda hoje. Isso decorre da tradição histórica de exclusão social, representada desde a escola fundamental.

Diz Saviani que

> A universidade poderá contribuir para o desenvolvimento nacional e regional: formando educadores (especialistas e/ou professores) capazes de difundir criticamente verdades já descobertas, elaborar o senso comum e elevar o nível cultural das massas. (p. 45)

Por tudo isso, a questão da formação docente no ensino superior preocupa constantemente os professores das licenciaturas. A graduação e a pós-graduação exibem um perfil de educador dissociado da realidade social e escolar. Nos estágios pedagógicos, nas práticas de ensino-aprendizagem em escolas da rede pública, os alunos-mestres deparam com uma clientela diversa daquela para a qual se prepararam durante o curso de formação[1].

---

[1] Sobre essa questão, ler Leahy; Lage, *Língua e literatura: uma questão de educação?* Papirus, 2001.

Social, política, cultural, psicológica e intelectualmente, surpreendem-se os licenciandos com as condições de trabalho (falta de material, de higiene, de conforto, de interesse), entram e saem das turmas sem maior envolvimento afetivo, realizando um estágio de prática docente com conteúdo minimamente consistente e significativo, raramente adequado metodológica e técnico-pedagogicamente. Dificilmente interagem de fato com as poucas turmas que concordam em os receber. É uma ação quase-docente que raramente acrescenta valores éticos, estéticos e cognitivos, quando não os subtrai, deixando um rastro de problemas a serem resolvidos pelos professores regentes das turmas. Os licenciandos cumprem, dessa maneira, uma desagradável formalidade, desperdiçando tempo e espaço de construção e desenvolvimento, em que poderiam romper o círculo vicioso, questionando e propondo novas metodologias coerentes e valiosas. Por exemplo, na área de Letras, poderiam aprofundar questões de leitura e análise textual para ensino e aprendizagem de línguas e literaturas, muito além dos inescrutáveis exercícios de "interpretação" em busca da "mensagem do autor".

A prática supervisionada nas escolas parece se constituir na inserção menos profícua da universidade na rede escolar, que abre suas portas para complementar a formação docente com questionável retorno qualitativo. O atual panorama é que, com essa situação, as coordenações pedagógicas e os professores, em geral, vêm dando mostras visíveis de insatisfação, procurando ações alternativas mais criativas e colaborativas entre a universidade e a escola.

Acreditamos que, enquanto a universidade se preocupar basicamente em produzir teorias sobre educação que não refletem os problemas atuais do ensino, reforçará a crise histórica, econômica e política da sociedade. Quando a comunidade acadêmica decide ir até a escola observar, participar e avaliar junto com os envolvidos no processo, otimiza as condições de construir pensamento e conhecimento a partir de hipóteses apoiadas em questões concretas. Ninguém mais duvida de que ação e reflexão, teoria e prática são processos indissociáveis, apoiados e validados mutuamente em todas as instâncias da educação.

> [...] daí o compromisso da universidade com a capacitação e formação de um professor que reflita, que se aproprie do ato docente, desde o planejamento até a execução. Um professor a quem devem ser oferecidos instrumentos que resgatem sua reflexão teórica sobre sua prática... (Franchi)[2]

[2] In: *Leitura: Teoria e Prática* n. 16, p. 17, 1990.

De modo amplo, tanto a direção quanto o corpo docente das escolas nutrem expectativas de real contribuição quanto à inserção da universidade em seu meio, abrindo-se para questionamentos e metodologias alternativas. A execução das propostas, porém, depende do maior ou menor envolvimento docente com as questões sóciopolíticas da educação e outras, de âmbito administrativo.

Esse pensamento permeou a 2ª fase da ação dinamizadora na escola pública de ensino fundamental, novamente como projeto, agora envolvendo outras áreas e atores no processo de ler e formar leitores – especialmente, de literatura.

Breve teorização sobre a estrutura do projeto

Pela utilização do conceito de *estrutura* em caráter operacional, procurei facilitar a ampliação da proposta de Dinamização da Leitura, duas vezes retomada. Refletir sobre as partes melhora a compreensão do todo.

A palavra *estrutura* é oriunda do vocabulário da arquitetura (século XII), logo transferida para a biologia e, posteriormente, para as ciências sociais e filosofia (século XI). "O conjunto composto de partes ou elementos solidários entre si" constitui os conceitos de *totalidade* e *interdependência* (Aguiar; Silva, p. 629, 635), permitindo a resolução de diferentes níveis culturais em séries paralelas homólogas (Eco, p. 251).

A estrutura do pensamento que precedeu e permeou o desenvolvimento do projeto foi de natureza cognitiva e psicossocial e se apresentou como estrutura metodológica e ontológica interligada e complementar. No projeto, foi priorizada a noção de *sujeito*, em torno de quem se desenvolveu a ação dinamizadora, individualizando os alunos, seres históricos da pesquisa[3].

A vastidão temática sobre os seres humanos remete, neste trabalho, à perspectiva da história vista de baixo[4], cuja proposta é isolar algumas questões

[3] A metodologia aponta o caminho da crença na permanente associação ser humano-sociedade. A historicidade se situa em algum ponto entre o código e a mensagem, tendo por eixo a *pessoa*. As estruturas (instituições, modos de pensar, propostas de ação) atuam como "um freio ou um acelerador para os acontecimentos" (BURKE, p. 339), agindo sobre o fluxo do tempo. Há implicações no uso fetichista ou irresponsável do termo "estrutura". Burke recomenda que evitemos, de um lado, a aridez da análise (ou estrutura) pura e, de outro, a superficialidade da narrativa linear (p. 333). Para o autor, a *narrativa* pode literalizar os acontecimentos, tornando-os mais inteligíveis, enquanto a *análise* acrescentaria mais informações e posterior observação, numa combinação aberta que encorajaria leitores a chegar a suas próprias conclusões.

[4] Sharpe, in *A escrita da história* (p. 42), se preocupa em "situar um acontecimento social dentro de seu contexto cultural pleno, de forma a que possa ser estudado mais em nível analítico que descritivo" (p. 58).

evidenciais, conceituais e ideológicas que resgatam experiências da massa escolar, crianças e adolescentes, e sua existência com freqüência ignorada.

Nossos atores criaram história, foram agentes do processo de dinamização da leitura em todos os momentos do trabalho. Sharpe fala da "aura subversiva" (p. 62) que a história vista de baixo carrega. O trabalho aqui descrito foi assim definido e temido, dentro de contextos mais ou menos autoritários. De certa forma, a estrutura metodológica do projeto respondeu ao humanismo de Sharpe.

Voltamos, assim, à pergunta inicial, que delineou a estrutura metodológica e ontológica do trabalho e do estudo: quais os acréscimos cognitivos, psicossociais e políticos dessa ação para os sujeitos envolvidos? Podemos dizer que as partes (fases da ação), motivos (o problema) e os episódios (métodos e técnicas) desta proposta compõem, aqui, os princípios estruturais do trabalho desenvolvido.

Primeira retomada: o CIEP

Em 1988, começavam a surgir os sinais vitais de uso do campus da Universidade Federal Fluminense, no antigo e residencial bairro do Gragoatá, em Niterói. Vizinho do centro da cidade, o bairro era caracterizado por residências antigas nas cercanias da praça freqüentada então por um atuante grupo de artistas plásticos, ladeando a Igreja de São Domingos e o pequeno comércio de bairro. Os dois clubes, tradicionais na cidade – o Audax, náutico; e o Gragoatá, de regatas – haviam definhado até sua quase extinção devido ao aterramento de alguns quilômetros mar adentro: onde antes o mar batia e barcos atracavam surgiu um matagal abandonado durante cerca de uma década, até ter início a construção dos prédios do campus universitário. A comunidade deu mostras de descontentamento pela invasão sem consulta nem anuência, temendo a descaracterização do bairro e a inevitável e conseqüente especulação imobiliária.

Visando a uma inserção menos traumática, a Reitoria da UFF criou a Coordenação de Projetos Experimentais (COPEX, através da portaria nº 13.176 de 17/5/1988) para implementar ações voltadas à produção e preservação de bens culturais, com ação imediata na área de implantação do campus (nos bairros de São Domingos, Gragoatá e Boa Viagem). A COPEX pretendia estreitar as relações entre a UFF e a comunidade, participar de projetos conjuntos de interesse da UFF e das comunidades locais, e mobilizar a UFF e as comunidades para obter os apoios externos necessários.

Os projetos da COPEX se distribuíram nas áreas acadêmico-culturais de relações entre a UFF e as comunidades, incluindo as escolas da área. Foi também previsto o apoio técnico-pedagógico à Biblioteca do CIEP local, a partir de pedido feito pela direção da própria escola.

A partir da defesa de minha dissertação de mestrado, em que, unindo teoria e prática, narrei, analisei e avaliei o trabalho por mim realizado na biblioteca escolar, fui convidada pela COPEX a integrar o projeto, coordenando a ação pedagógica dinamizadora. Simultaneamente, foi requisitada a participação do Curso de Biblioteconomia da Universidade, dando origem ao *Projeto de Organização e Dinamização da Sala de Leitura do CIEP Geraldo Reis*, proposto pela COPEX, apoiado pela coordenação do curso de Biblioteconomia da UFF e aprovado pela Secretaria de Estado de Educação.

Nossa entrada no CIEP, em 1989, atendeu a uma reivindicação social e pedagógica. A população escolar agora era bastante diversa daquela com que eu trabalhava anteriormente, não apenas em faixa etária (mais elevada), mas também pelas características domiciliares (a maioria dos alunos residia em uma das duas grandes favelas próximas à escola), vivência social (urbana) e estrutura familiar (3/4 dos alunos viviam com um dos pais, ou um dos avós, em lares de formação provisória).

Éramos duas equipes trabalhando no tratamento técnico do acervo e das instalações (1), e na dinamização da leitura (2). Integravam também a 2ª equipe uma pedagoga da UFF e a coordenadora do curso de Biblioteconomia. Ambas também acreditavam firmemente nas possibilidades de descoberta da leitura prazerosa na escola, e no desenvolvimento da pessoa de forma mais completa e feliz, por meio da leitura, com afetividade e ludicidade. Era responsabilidade da 1ª equipe a organização do espaço físico, a manutenção técnica e o registro do acervo. Composta de professores e alunos de Biblioteconomia, essa equipe tinha por princípio a valorização da leitura na escola fundamental para a formação de bibliotecários[5].

Iniciados os contatos entre as equipes e a direção e coordenação pedagógica do CIEP, em outubro de 1989, foram definidos os objetivos, a metodologia pedagógica e os procedimentos de avaliação diagnóstica, permanente e somatória do processo de leitura. Diante da impossibilidade de receber toda a escola no subprojeto de dinamização, foi decidido que turmas-

[5] Eram objetivos da coordenação (Biblioteconomia): introduzir a questão da leitura na formação de bibliotecários; integrar professores e alunos da UFF e do CIEP (ensino-aprendizagem); possibilitar a alunos e professores do curso o desenvolvimento de atividades práticas; contribuir para o reconhecimento da importância da leitura reflexiva e crítica na escola. As disciplinas do curso envolvidas no projeto eram: Administração de Bibliotecas, Atividades em Bibliotecas Escolares; Conservação e Restauração de Documentos; Representação Descritiva de Documentos; Representação Temática de Documentos; Teoria e Prática do Serviço de Referência.

piloto seriam escolhidas pelo corpo docente do CIEP, tendo por critério o grau de necessidade de leitura como fator de aprendizagem: começaríamos pelas turmas consideradas mais carentes ou de rendimento menos satisfatório. Assim, em novembro de 1989, o subprojeto de Dinamização teve início efetivo, com a turma 307 (2º turno). Concomitantemente, a equipe docente-discente de Biblioteconomia fazia o registro do acervo, a descupinização de livros e prateleiras, a organização técnica e a indexação de títulos de literatura infantil e juvenil.

No ano seguinte, em 1990, foram encerrados os trabalhos técnicos no acervo, permanecendo nossa equipe de Dinamização em atividade: atendemos às turmas 306 e 307, no primeiro semestre, e às turmas 308 e 205, no segundo. Complicou a evolução ótima do projeto a longa greve do magistério estadual fluminense. Além disso, embora houvéssemos planejado contar com a presença das professoras regentes das turmas, que concordaram em ser agentes de divulgação e ampliação do projeto, dando continuidade em suas turmas às propostas desenvolvidas na biblioteca, raras eram as que efetivamente acompanhavam nosso trabalho. Apesar das pequenas dificuldades, o projeto fluiu bem. Novamente, a proposta apresentou resultados positivos, conforme observado e avaliado pela equipe, pela coordenação da escola, pelo corpo docente, pelos próprios alunos envolvidos. Ficou claro que o elemento central imantador foi de fato o texto literário, sendo o professor-dinamizador um mediador positivo, equipado com as características essenciais aos educadores bem-sucedidos. Os alunos fizeram depoimentos orais e escritos em que comprovaram a validade do trabalho, para além das modificações de comportamento evidentes no decorrer do projeto no CIEP.

Qual a melhor forma de trabalhar? O ponto de partida era, necessariamente, a experiência desenvolvida na pequena escola da periferia. Mas algumas alterações se provaram necessárias, para adaptar a proposta inicial aos novos espaços de atuação. Assim, o planejamento definido pela equipe de Dinamização procurou se apoiar em três pontos principais: delimitação do referencial teórico, definição dos objetivos e metodologia, formas de avaliação; as respostas às questões levantadas a partir da fase preliminar eram aliadas a uma necessidade específica de leitura percebida pela direção e pela coordenação pedagógica da escola.

A implantação do projeto nas escolas, daí para diante, seguiria a seguinte ordem:

- contatos iniciais com o corpo docente, direção, coordenação técnico-pedagógica, para despertar o interesse pela proposta e angariar adeptos à causa da leitura;

- familiarização com o acervo infantil e juvenil disponível na biblioteca/ sala de leitura (leitura e indexação[6] dos títulos);
- dinamização da leitura propriamente dita (com alunos), obedecendo às etapas de pré-leitura (conversa inicial), narrativa expressiva (história contada), pós-leitura (atividade artística interpretativa livre ou conduzida, individual ou coletiva).

Determinamos algumas normas de ação, dentre as quais: a avaliação do projeto seria permanente e contínua, como forma de validar e reformular a proposta. A professora de cada turma deveria realmente nos acompanhar durante os encontros, pois era um de nossos objetivos demonstrar a metodologia de trabalho com leitura literária, construída a partir da oralidade do grupo e dos alunos. Isso favoreceria a continuidade autônoma do trabalho, quando a professora se sentisse segura para atuar conforme o modelo, ou como melhor lhe conviesse, dispensando nosso apoio e reforço.

Após o reconhecimento do acervo literário infanto-juvenil disponível, iniciamos a recepção das turmas. Considerando que "o professor precisa colocar a criança ativa, participante e comunicativa" (Góes)[7]; que a leitura é para ser vivida, com todos os nossos sentidos em alerta; e que a escola deve criar oportunidade de voz e vez para seus alunos, o diálogo e a valorização da oralidade continuaram sendo o ponto de partida e de chegada para nosso trabalho.

O "ensino" de leitura na escola está restrito "a um processo de alfabetização, no sentido de reconhecer palavras decompondo-as em sílabas e letras, e recompondo-as nas mesmas palavras ou em outras em vez de se preocupar com o ato de refletir sobre o significado exposto por elas" (Ocsana)[8]. Foi nossa pretensão, pois, que os leitores criassem laços com a leitura, sem a imposição de decifrar os códigos apresentados, e se limitassem a responder a questões previamente formuladas por nós, professoras. Pouco se conversa com os alunos, efetivamente, em sala de aula.

A *pré-leitura* é o momento da fala e da escuta, ou seja, quando o/a aluno/a conta histórias, fatos passados ou presentes de sua casa, da escola, da rua; fala de si e de seus pares; se expõe. É também um momento de reflexão, em que se dá a "leitura do mundo" através das experiências vividas e ouvidas: troca, aprendizado e enriquecimento cultural, sócio-político e afetivo. Nessa conversa, todos têm tempo e espaço de fala. Gerado o tema, é então

---

[6] Indexação: listagem dos títulos, autores, definição temática, síntese da obra, sugestões de atividades pós-leitura.

[7] In *Leitura: Teoria e Prática* n.17, p. 26, junho 91.

[8] In *Leitura: Teoria e Prática* n. 18, p. 18, dezembro 91.

proposto o texto literário pertinente, e que será aceito ou não pelo grupo (houve eventuais resistências a certos textos, mais de uma vez).

A segunda etapa, a *narrativa oral*, é a contação de história pelo/a dinamizador/a, que dramatiza o texto, criando situações de suspense, explorando sensações e emoções, como alegria, tristeza, além da curiosidade, da fantasia, da magia, e da expectativa, conforme adequado ao enredo, favorecendo a identificação com as personagens. Pelo caráter teatral da narrativa oral, historicamente imantador (sempre houve conversas e relatos coletivos em épocas distintas da humanidade), a atenção se concentra na história. São visíveis as modificações fisionômicas que acompanham a narrativa, seja um conto de fadas (como *Cadeira de piolho*, de Maria Lucia Amaral), uma história de suspense (como *Os anjos da guarda em Os ossos do capitão Tarmelão*, de Ganimédes José), ou um texto atual de teor social (como *O outro lado do tabuleiro*, de Eliane Ganem). O que conta é a ação relacionada aos interesses do momento e a qualidade narrativa característica do texto literário (confirmando o binômio "tendência e qualidade" de Walter Benjamin).

Finalmente, o grupo é solicitado a se expressar e justificar suas opiniões, para em seguida escolher uma atividade criativa. Esse terceiro momento, a *pós-leitura*, se caracteriza pelo movimento coletivo, a troca de idéias, o estímulo à criatividade artística, dramatizando, desenhando e pintando, recortando e colando, montando murais ou painéis, retitulando histórias, fazendo varais de poesia, criando cenários com sucata, modelando com massa plástica ou *papel machê*, fazendo origami[9], ou ainda escolhendo outros textos para leitura livre individual ou em pequenos grupos. Importou-nos tanto o fazer, quanto o quê fazer.

Procuramos estimular o trabalho em grupos por entender, como Freire, que o homem não é uma ilha: é comunicação. E precisa estar em relação com os demais, o que é facilitado pelo trabalho coletivo, que permite a troca de saberes, de experiências, o desenvolvimento da linguagem e a compreensão mais ampla do mundo. Encerrada a atividade, novamente os alunos são convidados a falar, para avaliar os trabalhos do encontro.

Em 1991, a greve das universidades federais, de junho a setembro, interrompeu o trabalho[10]. A coordenação regional do Programa Nacional de Alfabetização e Leitura (PROALE), instalado na Faculdade de Educação da UFF,

---

[9] Colaborou o professor Minoru Oyama, do Departamento de Documentação da UFF.

[10] Aprovada em concurso público para a Faculdade de Educação da UFF, eu agora lecionava no Departamento de Teoria e Prática de Ensino, tendo me exonerado da Secretaria de Estado de Educação (SEE), cuja participação no projeto, agora, se restringia à cessão do espaço físico do CIEP.

com professores da UFF e técnicos educacionais oriundos da extinta Fundação EDUCAR, se interessou pelo projeto. Haveria um encontro de educadores de todo o estado do Rio no intercâmbio de experiências positivas em alfabetização e leitura, mediado pelo PROALE, fornecendo apoio técnico teórico e prático, e ainda oportunizando a educação continuada para docentes. O projeto de Dinamização da Leitura poderia trazer novos subsídios e experiências para a implantação do programa[11].

Quando retornamos ao CIEP, após as greves estadual e federal, houve um desencontro entre nossa equipe de dinamização e a população do CIEP. Encontramos na biblioteca duas professoras da própria escola, agora responsáveis pelo funcionamento e atendimento aos alunos-leitores, fazendo um trabalho independente da proposta de dinamização. Não obtivemos notícia posterior dos resultados.

Em síntese, foi oportuna a possibilidade de retestar a metodologia de dinamização que eu havia criado e usado na escolinha de periferia, em contexto socioeconômico e geográfico diferente, com clientela diversa. Embora os alunos do CIEP fossem também socialmente dilacerados nas relações internas, o ambiente escolar era diferente: sem um poder centralizador, parecia haver lassidão e indiferença no trato com os alunos, que se feriam e agrediam no pátio, portando armas convencionais (canivetes, lâminas afiadas) ou não (a cesta aramada de lixo, cacos de vidro). Presenciamos cenas de violência entre alguns alunos, residentes, na maioria, em duas favelas centrais da cidade. Era latente a dificuldade de diálogo com os adultos da escola, o que se revelava em indiferença ou pequenos atos de agressão.

Assim, em dezembro de 1991, após procedermos à avaliação final dos trabalhos junto à direção e coordenação pedagógica do CIEP, mudamos de escola, atendendo a convite de outra direção e coordenação. Adiante serão relatados alguns encontros dessa fase.

Segunda retomada: a Escola

Organizando as Feiras do Livro Infanto-Juvenil da UFF, em contato com profissionais das redes estadual e municipal, percebemos o interesse de professoras de várias escolas no projeto de *Dinamização da Leitura*, de que já tinham ouvido falar.

---

[11] A ação conjunta acabou não ocorrendo; o PROALE doou um lote de 246 títulos para a biblioteca da Escola Estadual X, sede da 2a retomada do Projeto de Dinamização da Leitura.

Durante as palestras, encontros e oficinas promovidas pela equipe da Feira do Livro em 1991, foram reiterados os pedidos de atendimento a escolas com bibliotecas desativadas ou em funcionamento parcial, fazendo apenas empréstimo domiciliar. Chamou nossa atenção, em especial, o interesse e a percepção de Analéa, professora de matemática de uma Escola Estadual, de que o contato com a literatura poderia desenvolver competências outras de leitura em seus alunos, expandindo a compreensão abstrata da matemática.

Iniciamos o contato com a direção da Escola, interessada em sediar a fase seguinte do projeto, o que na verdade significava, para mim, pôr à prova, mais uma vez, sua exeqüibilidade. Como já dito, as experiências anteriores haviam sido feitas com (1) os alunos da pequena escola, situada na periferia urbana, em zona semi-rural, submissos e intimidados pelo poder autoritário da direção, e com (2) os alunos do CIEP, oriundos majoritariamente de duas favelas urbanas localizadas no centro da cidade de Niterói. Eram agressivos, aparentemente independentes, apresentando distorção na relação série-faixa etária; o espaço físico da escola era bastante amplo, mas pouco acolhedor.

Agora, em 1992, a escola pública voltava a receber, em número significativo, os filhos das classes médias, empobrecidas pelas crises político-econômicas. A localização geográfica da escola, no bairro Icaraí, habitado por classes médias (diluídas entre prédios de luxo à beira-mar e exíguas quitinetes nas ruas comerciais), nos apontava um novo perfil de aluno, em comparação com os estudantes das experiências anteriores do projeto.

Agora, eu queria saber se também ali seria possível trabalhar com sucesso a dinamização da leitura, com alunos expostos a novidades eletrônicas, às formas de lazer sustentadas pela mídia, ao consumo para aprovação social em seu cotidiano. Cerca de 1/3 deles vinha de colégios da rede privada, considerados de "bom padrão", no mesmo bairro. Qual seria sua bagagem de leitura? Até que ponto o texto literário seria suficientemente atraente?

Considero menos positivos os resultados dessa 2ª retomada do projeto, devido às características administrativas da escola-sede, e talvez até por uma inadequação da metodologia de dinamização às variações do contexto sóciopolítico e econômico da escola: conviviam forçosamente, devido às perdas econômicas dos filhos de classes médias, crianças de origens bastante diferentes, o que dificultava a integração social na escola e nas salas de aula. Por outro lado, era desafiador tentar superar as diferenças socioculturais que surgiam dentro da escola básica da rede pública nos anos 1990. É possível que, se tivéssemos nos inserido de forma mais direta junto à direção e à coordenação pedagógica e, conseqüentemente, cobrado um apoio administrativo mais evidente, teríamos podido evitar as constantes mudanças de horário, desenvolvendo um trabalho mais substancial e significativo com os grupos de alunos.

Mais que uma questão pedagógica, esbarramos num desarranjo administrativo interno, que igualmente pode constituir um "espaço de contradição" dentro da escola (ZILBERMAN; SILVA, p. 113). No caso, a contradição se ocultava sob uma postura pseudodialógica de "tentar agradar a todos todo o tempo", facilitando ausências, licenças, afastamentos e faltas docentes. Os mais castigados, como de praxe, eram os alunos, objetos de uma política pedagógica demagógica, em vez de sujeitos de um processo educativo coerente.

Dessa forma, a dinâmica da escola serviu de modelo para a dinâmica da sala de aula, desqualificando a proposta de construção conjunta de uma competência crítica, e fragmentando o convívio com o texto literário, comprometendo a coerência entre o dito e o feito. A diferença na atuação da equipe nessa segunda retomada esteve na co-responsabilidade de ação, com a participação das professoras responsáveis pela biblioteca nos turnos em que houve dinamização da Leitura (1° e 2°).

Sem mais contar com os colegas do curso de Biblioteconomia, nossa pequena equipe (Tânia Ecard, Gleiber Macedo da Silva, aluno de Pedagogia e meu monitor de Didática na UFF e eu) tivemos que fazer o registro e a organização do acervo infantil e juvenil, até mesmo para conhecer os títulos disponíveis. Durante fevereiro e março de 1992, trabalhamos na biblioteca em horário integral, catalogando as novas aquisições e elaborando listagens de indexação. Nesse acervo, foram incluídos os 246 títulos doados à biblioteca da Escola pelo PROALE.

Indexar os títulos nos pareceu imprescindível para facilitar a continuidade do projeto. Elaboramos as listas por divisão temática, acrescentando resumos dos textos, com sugestões de atividades criativas pós-leitura (ver "indexação").

Na verdade, havia agentes de leituras responsáveis pelo funcionamento da biblioteca nos três turnos da escola. As que atuavam nos dois primeiros turnos estavam desestimuladas pela falta de uma proposta clara de ação, desorientadas, percebendo-se desvalorizadas em sua função de *promotoras de leitura*: na biblioteca, deixavam de receber a complementação salarial (gratificação por regência de turma). Assim, em vez de "reger" uma turma e receber remuneração, na função de bibliotecárias dinamizadoras, elas teriam todas as turmas da escola sob sua responsabilidade, uma tarefa cansativa e desafiadora, sem o reconhecimento de seus pares nem o retorno financeiro. Não houve interesse pelo projeto no 3° turno (noturno).

Conforme informou a professora de 4ª série cuja turma integrou o projeto no 2° turno, a biblioteca raramente recebia alunos para leitura e/ou pesquisa escolar. Ela tentava suprir essa lacuna trazendo livros seus e os lendo em classe. Sendo a única professora que demonstrou interesse em experimentar o processo de dinamização da leitura em sua turma, ela valorizava o desenvolvimento lingüístico-cognitivo, já que "a turma lia muito mal para uma 4ª série".

No 1º turno, a ação dinamizadora foi executada pela professora responsável pela biblioteca, com nossa orientação e supervisão. O trabalho se iniciou com uma turma de 3ª série, que, após dois encontros, foi substituída pela direção por outra turma de 4ª série. Esta, após quatro encontros na biblioteca, foi por sua vez trocada por uma turma de 5ª série, que teve seis encontros dinamizadores, e assim por diante, de abril a setembro de 1992.

Na experiência pioneira de dinamização, haviam sido priorizados os objetivos sócio-políticos, tendo em vista a alienação dos direitos, deveres e possibilidades de ação comunitária, visível no esfacelamento das relações sociais entre os alunos. No CIEP, foi preciso atentar com muito cuidado para o aspecto psicossocial, para poder atuar sobre a extrema agressividade nas relações entre alunos, e entre alunos e professores, sem falar na recuperação da autoestima dos estudantes. Nossa preocupação principal fora a turma de alunos "renitentes", isto é, aqueles cuja trajetória escolar se caracterizou pelas reprovações e séries repetidas, e que, ao atingirem a idade de 14 anos ainda cursando a 3ª série do ensino fundamental, têm negada a renovação de sua matrícula, sendo encaminhados para o curso supletivo (educação de jovens e adultos). Agora, na Escola, segundo a prescrição da professora, esses aspectos eram menos relevantes, pois havia uma relação social saudável entre ela e os alunos, sendo bom o nível de interação entre todos.

Nossos contatos na escola eram a diretora, a professora da 4ª série e as responsáveis pela biblioteca nos turnos da manhã e da tarde. O resto da população da escola não pareceu ter percebido nossa presença na escola durante o ano letivo de 1992.

Como relatado acima, turmas variadas freqüentaram a biblioteca no 1º turno, sob o empenho e o interesse da professora-bibliotecária, que, desde o primeiro encontro com nossa equipe, mostrou interesse em aprender sobre o projeto, lendo, interagindo, perguntando e atuando efetivamente na dinamização, apesar dos cortes abruptos impostos pela administração (mudanças constantes de turmas e do horário de atendimento na biblioteca, e a obrigação de substituir professores ausentes nas classes acéfalas). Essa instabilidade, contradizendo a promessa inicial de apoio por parte da direção, truncou o planejamento e desestimulou bastante a equipe, obrigando-nos a um permanente recomeçar, sem conseguirmos atingir os objetivos planejados.

Surpreendentemente, a cansada e descrente professora responsável pela biblioteca no 2º turno foi crescendo aos poucos e aderindo ao projeto, interessada, revelando-se particularmente bem-dotada na dinamização do texto literário: extraía com sensibilidade a temática do momento para então escolher a história a ser lida, e a contava de forma viva e atraente, fazendo de modo natural com que todos participassem e vivessem a narrativa. Sua própria aparência havia se modificado: agora ia trabalhar mais arrumada e a fisionomia era mais alegre. Disse-nos que havia encontrado um motivo para trabalhar, em vez de "contar tempo para a aposentadoria", acreditando que era possível fazer e construir alguma coisa a partir da leitura. Consideramos importante registrar que essa professora, lecionando na escola fundamental – e temporariamente responsável pela biblioteca da escola – era graduada em Biblioteconomia, carreira não reconhecida (através de concurso) pela Secretaria de Educação do Estado[12].

A mencionada turma de 4ª série começou a participar do projeto, vindo à biblioteca quase sempre acompanhada da professora ou da estagiária normalista. O contato com a turma veio nos mostrar uma percepção bastante diferente daquela descrita pela professora: eram alunos competentes para ler, tinham razoável experiência de leitura, conheciam vários dos títulos que propúnhamos, mas exibiam um permanente ar de enfado. Desde o primeiro encontro, sua entrada na biblioteca se deu em duas fileiras: primeiro, a das meninas, seguida pela fila dos meninos. A ocupação das mesas era feita por sexo, sob a orientação da professora, "para evitar confusão"; mas a ordem imposta gerava disputa e ressentimento, pois as meninas, entrando primeiro, pegavam "os melhores lugares". Assim, era reforçada a cisão entre os gêneros.

Grave também nos pareceu a exibição ostensiva de poder aquisitivo, através dos supérfluos importados de alguns, oriundos das classes médias. Esses ouviam as leituras com seus fones de ouvido ligados a *walkmen*, seus chaveiros musicais, seus estojos fosforescentes, seus tênis de marcas famosas. A maioria da turma ainda era composta de alunos negros, visivelmente mais pobres, e freqüentemente motivo de chacota dos colegas de pele mais clara – especialmente quando a história contada mencionava macacos ou micos. Assim, tivemos que censurar os textos, pois éramos constantemente forçados a interromper a narrativa para uma reflexão sobre a formação étnica brasileira, a colonização, o racismo, a justiça. Algumas das crianças negras, poupadas das chacotas sabe-se lá por que motivo, aliavam-se aos "brancos", ou menos negros, e colaboravam na humilhação dos outros, numa tentativa óbvia e frustrada de embranquecer, de ascender socialmente, de se parecer com os novos alunos, tão cheios de bens e badulaques.

---

12 Não creio ter havido mudança nessa situação, pois jamais ouvimos falar de concurso público para bibliotecários de escolas.

Na volta às aulas do segundo semestre, havia se estabelecido tal confusão pedagógica e administrativa na escola que, desanimados, decidimos interromper o projeto em novembro, antes do encerramento do ano letivo. Já não havia professoras responsáveis pela biblioteca nos turnos da manhã e da tarde, pois haviam sido encaminhadas para turmas sem professoras, recebendo o incentivo da gratificação por regência de turma. Perdíamos tempo precioso à espera de alguém que nos abrisse a porta da biblioteca, nunca disponível; de quem nos fornecesse a cada semana o novo horário das turmas e aulas. Enquanto isso, procurávamos as turmas, andando sem rumo pelos corredores.

Apesar de considerado pela direção da escola um projeto muito bem sucedido, opinião corroborada pelas professoras da biblioteca, sabíamos que o trabalho fora pouco frutífero, para nossos padrões, deixando apenas uma idéia de ação transformadora no imaginário de alguns interessados, sem atingir os resultados esperados e anteriormente alcançados.

Encerramos as atividades na escola em novembro de 1992, tendo por marco uma oficina que oferecemos para professores envolvidos com questões de leitura, atuantes na rede pública estadual em Niterói.

> Despretensiosamente lembro que o hábito de leitura se forma "antes" mesmo do saber ler – é ouvindo histórias que se "treina" a relação com o mundo; daí a contar, recontar, inventar, sem que seja proibido falar, dramatizar, encenar; abaixo a teoria que é assunto de especialista, pois leitura não é castigo, não exige resposta pronta, nem se mede com provas; eleição da obra a ser lida é indispensável, pois leitura é co-produção, autor/leitor que tiram coisas velhas e novas de um tesouro. (YUNES)[13]

Alguns relatos

27/11/1989

CIEP: turma 307, turno da tarde

O dia estava particularmente claro e luminoso, após a forte chuva da véspera. No início da tarde, as cores pareciam mais definidas, e alguns alunos comentavam o colorido do dia: o céu azul puro, as folhas das árvores e plantas mais verdes, "lavadas" da chuva, tudo limpo e brilhante.

Uma aluna que entrou depois do grupo chegou falando entusiasmada do arco-íris no céu. Saímos todos para apreciar o céu e tentar definir as cores

[13] In *Leitura: Teoria e Prática* ano 4, n. 6, p. 1?, 1985.

que se integravam, produzindo uma imagem de forte apelo sensorial. Conversamos um pouco sobre a aparição do arco-íris quando há sol depois de chuva forte; e fizemos arcos-íris (prismas) com espelho e água.

O tema *cor* nos levou a ler *Flicts*, de Ziraldo. Houve grande interesse pela história e, ao término da narrativa, todos começaram a criar uma nova cor, com denominações originais. Inicialmente os alunos trabalharam individualmente, de forma competitiva, mas a visão da arte do outro, mais que comparações, levava a mudanças, e aos poucos resolveram começar a criar coletivamente. Trabalharam com papel de formulário contínuo (usado) e lápis-cera. Seus trabalhos foram expostos nas paredes da biblioteca, suscitando comentários, trocas de informações sobre os processos usados na criação de cada cor e sobre os nomes a elas dados.

18/04/1990

CIEP: turma 307, turno da manhã

A escola estava irreconhecível: silenciosa, limpa, lavada, o chão encerado, o lixo acumulado no pátio havia sido retirado, junto com as fezes dos cães que por lá perambulavam. As carteiras e mesas quebradas haviam sido ocultas da vista; percebia-se uma movimentação diferente naquela manhã. Até o cheiro da comida era diferente.

A turma entrou na sala de leitura, comentando que até a biblioteca havia sido lembrada, mais limpa e arrumada. "Deve ter visita, e, pelo jeito, é importante", disseram alguns.

Um aluno mais bem informado confirmou a suspeita: uma autoridade estaria no CIEP naquele dia, pois as mesas do refeitório tinham toalhas de tecido, pratos de louça, copos de vidro e talheres combinados. Seria servido estrogonofe de frango com arroz e batata palha, uma esplêndida novidade.

A conversa era acrescida de detalhes: uma aluna havia sido abordada sexualmente na semana anterior, saindo da escola. Sua mãe fora à direção pedir que a escola providenciasse algum tipo de segurança para seus alunos, em vão: não havia verba nem pessoal disponível. Porém, nessa manhã, vários seguranças se postavam por todo o espaço do CIEP.

Após a conversa, bastante acalorada, propusemos a leitura de *O que os olhos não vêem*, de Ruth Rocha. Feita a narrativa expressiva, o grupo elegeu, como atividade pós-leitura, tentar dar a conhecer à visita importante – que então já sabíamos ser a sra. Secretária de Educação – que aquela limpeza, segurança, comida, gentileza e atenções não faziam parte do cotidiano da escola. Os alunos questionavam, ressentidos, a diferença de tratamento dispensado à visita, em comparação com o que a escola lhes proporcionava no dia-a-dia.

A idéia cresceu e, com o apoio das professoras regentes, igualmente descontentes com a situação, o grupo elaborou um abaixo-assinado. Nele, os alunos pediam que a escola fosse sempre assim, limpa, segura, arrumada, e a comida servida feita com o mesmo esmero.

Encerrada a atividade de leitura na biblioteca, os alunos, de volta a suas salas de aula, coletaram assinaturas de outros colegas, e escolheram um aluno para fazer a entrega do documento à autoridade. Ao receber e ler os papéis, a secretária, transtornada pelo que considerou uma petulante ação subversiva do corpo docente oculto por trás dos alunos, revelou sua irritação, deixando o pequeno representante paralisado de temor.

Esse fato serviu para, na semana seguinte, recebendo a mesma turma na biblioteca, discutirmos a importância da *verdade*, da sensibilidade ao ouvir o *outro*, o papel político da autoridade, sua atitude onipotente e prepotente frente a atos conscientes de pessoas comuns, destituídas de poder político e a ela subordinadas.

A discussão foi implementada com a leitura de *O reizinho mandão*, de Ruth Rocha, o que incentivou o grupo a elaborar uma faixa de papel (uma tira de formulário contínuo com cerca de 4 metros de comprimento) com os dizeres: "contra o reizinho mandão, só o poder da união", tendo cada aluno desenhado uma letra, usando cores diferentes. A bela faixa foi colocada na parede maior, dentro da biblioteca, em frente à porta de entrada.

Algum tempo depois, a escritora Ruth Rocha foi convidada a dar uma palestra no campus do Gragoatá da UFF, dentro do projeto *Arte no Campus*[14], e soube do fato acima descrito. Muito emocionada, agradeceu publicamente a utilização politicamente adequada de seu texto.

06/1990 (Copa do Mundo)

CIEP: Turma 306, turno tarde

Como a mídia promove intensamente o evento esportivo, na escola a discussão era sobre futebol e a Copa do Mundo. As meninas, convocadas a falar sobre a Copa, desconversavam, reagiam negativamente, declaravam que "é coisa de homem". Nossa equipe decidiu provocar o grupo, perguntando às meninas se já experimentaram jogar com os meninos – uma apenas responde que sim, que até gostou, mas que em casa ninguém aprovou que ela brincasse de "coisa de menino".

---

[14] Então coordenado por esta autora.

Perguntamos aos meninos se já haviam brincado de boneca ou de casinha, e houve vaia generalizada. Uns poucos sorriram marotamente, e confirmaram que sim, embora temessem a reação do grupo. Propusemos então a leitura de *Aninha e João*, de Lucia Miners, um texto que revê as funções sociais dos gêneros.

Aliviados pela conivência da autora sobre a discriminação dos papéis culturais impostos a eles e a elas, alguns alunos sugeriram, como atividade pós-leitura, a construção de um mural com o título *o que eu gostaria de dizer e fazer e não posso*, conjugando texto e imagem. Enquanto o faziam, conversavam e se perguntavam quem teria inventado tal distinção de tarefas, e com que finalidade.

Considerando o estrato social de origem, foi surpreendente sua autonomia de pensamento, sua capacidade de reelaborar imposições culturais dominantes, ainda que de forma embrionária.

22/06/90

CIEP: turma 306, turno da manhã

Seria nosso último encontro com a turma 308 dentro do projeto, pois a professora da turma já se sentia pronta a desenvolver a ação dinamizadora por conta própria. Uma das meninas coçava o couro cabeludo insistentemente, e os colegas caçoavam, insinuando que ela estaria com piolhos. Conversamos sobre tratamentos naturais, inofensivos à saúde, com produtos caseiros; aprendemos diferentes tratamentos fitoterápicos, conhecidos dos alunos, de combate a esse e a outros parasitas. Propusemos então contar *Cadeira de piolho*, de Maria Lucia Amaral, sugestão aceita. A história se presta à leitura expressiva, com diálogos engraçados e uma heroína diferentes, mais ou menos feminista.

A atividade pós-leitura eleita foi a dramatização da história, com diálogos e máscaras improvisados com sacos de papel pardo, recorte, colagem e pintura; um grupo preferiu construir o cenário, enquanto o outro ensaiava suas falas.

Terminado o "teatrinho", a aluna Monique nos trouxe um texto que havia escrito, inspirada nos encontros na biblioteca, e que gostaria de ver encenado pelo grupo. Ela mesma o leu e a turma o aprovou e encenou. Monique agradeceu à turma e declarou que gostaria de se tornar escritora profissional, descoberta essa devida ao projeto de leitura na biblioteca.

Fomos então surpreendidas por trabalhos de pintura e desenho com bilhetes carinhosos feitos por toda a turma para a equipe, fora de nossos encontros.

No ano seguinte, reencontramos Monique, estagnada na mesma série, reprovada em matemática.

07/11/90

CIEP: turma 205, turno da tarde

Apesar de ser novembro, fazia frio de tarde, e esse foi o comentário geral. Estávamos todos encolhidos no ambiente fisicamente pouco acolhedor da biblioteca do CIEP, onde o frio é desagradável, e o calor, no verão, torna o espaço inabitável, como um aquário ao sol.

Conversamos sobre os tipos de frio: o exterior, físico, e o frio "do coração". Sugerimos a leitura da *A margarida friorenta*, de Fernanda Lopes de Almeida, cujo tema é o frio interior.

A atividade pós-leitura escolhida foi a dramatização da história sem palavras, apenas por gestos. O trabalho com a afetividade, a partir de histórias como essa, permitiu que os alunos se expusessem mais, se aproximassem uns dos outros e das professoras.

Ao final da encenação, a professora da turma, Luciene, expressou sua grata surpresa com a diminuição do nível de agressividade da turma, que agora conseguia exprimir carinho e interesse, o que não acontecia até o início do projeto: alunos que antes mal a cumprimentavam, agora se dirigiam a ela de forma afetuosa. Tratava-se da turma de alunos "renitentes", adolescentes emperrados na 2ª série primária após sete anos de escolaridade. Alguns faltavam às aulas por semanas seguidas, quando conseguiam um biscate como entregadores de mercadorias ou carregadores de compras em mercados. Quando eram dispensados, voltavam à escola.

31/10/90

CIEP: turma 307, turno da manhã

A conversa começou a partir do cabelo de Luciana, uma das alunas, trançado e enfeitado com fita branca, para sua festa de aniversário. Falamos de festas, convites, amigos, e propusemos a leitura de *Lucia-já-vou-indo*, de Maria Heloísa Penteado. É a história de uma lesminha que, muita lenta, nunca consegue chegar a tempo nas festas, por mais que se esforce. Até que um dia suas amigas, as libélulas, decidem organizar uma festa em sua própria casa, para que ela possa enfim estar presente.

Na discussão da atividade pós-leitura, os alunos pediram para organizar uma festa na biblioteca. Argumentamos que o espaço era inadequado, e que restos de comida atrairiam insetos, pondo em risco o acervo – por isso sempre lhes pedíamos que não merendassem ali dentro. Mas o grupo não se conformou, e insistiu, prometendo deixar tudo limpo e arrumado após a festa.

Ainda relutantes, resolvemos assumir o risco, e pedimos autorização à direção. Lembramos que aqueles alunos, no início do ano letivo, eram os tais considerados altamente desinteressados, apáticos, resistentes a "todas as formas de motivação", de difícil relacionamento e aprendizagem, com grande distorção série-idade. E foram esses mesmos adolescentes "difíceis" que se dividiram em grupos, por conta própria, responsabilizando-se por tarefas específicas:

1º grupo: responsável pelos convites (e para tal, convocaram a professora de português)

2º grupo: responsável pelo cálculo, divisão e distribuição da comida e bebida da festa (auxiliado pela professora de matemática)

3º grupo: responsável pela animação da festa, planejando um concurso de lambada, a dança então da moda, além de brincadeiras de dança das cadeiras e gincana;

4º grupo: responsável pela decoração da festa, com bandeirinhas, cartazes, faixas de papel com mensagens festivas;

5º grupo: responsável pela limpeza e arrumação do espaço antes e depois da festa.

Em uma semana, estava tudo pronto, e a festa aconteceu. À equipe coube trazer a torta de chocolate. Só foram convidadas pelos alunos as pessoas por eles escolhidas, sem concessões (algumas professoras, e apenas uma das coordenadoras pedagógicas). Havia sanduíches, docinhos e refrigerantes. O grupo responsável pela música não conseguiu um toca-fitas, e resolvemos improvisar, cantando e batendo palmas para acompanhar o concurso e as danças. A biblioteca ficou colorida, enfeitada com mensagens alegres feitas em cartazes com jornal e papel pardo. Pouco antes de acabar o turno, mesas, cadeiras e piso estavam mais limpos do que antes.

A festa foi um grande sucesso de organização e realização, reconhecido e invejado pelas outras turmas. A direção e a coordenação pedagógica custaram a acreditar que se tratava da turma 307, agora vista com outros olhos. O projeto foi apelidado de "milagres" da leitura.

Na verdade, tudo não passou de um processo profundo de valorização do grupo, cuja auto-estima foi elevada. A partir de casos narrados, histórias lidas, e incentivo à expressão criativa, os alunos se mostraram mais amadurecidos e participativos. Da mesma forma, ocorreu na prática uma ação dialógica interdisciplinar, com a interação das atividades de leitura na biblioteca junto às disciplinas escolares, cujos professores foram convocados a participar, orientando cálculos, textos etc.

10/04/1991

CIEP: turma 305, turno da tarde

O grupo trouxe para a equipe da biblioteca o problema sendo estudado em classe: o índio brasileiro. Instados pela professora, ausente ao encontro, pediam material de pesquisa para trabalho a ser avaliado, verbetes, datas e eventos para copiar. Discordando daquela metodologia, preferimos trocar idéias sobre a imagem que se tem do índio, sua cultura e história, procurando desmistificar a história imposta. Tentamos cotejar essas impressões com dados extraídos de jornais e revistas atuais, com artigos sobre a realidade indígena, sua tentativa de sobrevivência física e cultural.

Apesar da preocupação com a "nota", os alunos falaram de forma crítica dos trabalhos iniciados na sala de aula, vendo pontos de contato entre a situação de opressão do índio e das classes populares na atual economia do país. Perceberam ainda os conflitos de interesses e tentaram repensar essa e outras questões da história vista de baixo.

O curumim que virou gigante, de Joel Rufino dos Santos, foi o texto escolhido para leitura oral. Ao final da narrativa, os alunos se levantaram para ver, para além dos limites do pátio da escola, o contorno do gigante no relevo montanhoso da cidade do Rio de Janeiro, já que a localização da escola, no aterrado do Gragoatá, tinha então visão ampla e sem obstáculos para o outro lado da baía.

A atividade escolhida foi desenhar e pintar figuras e elementos da cultura indígena, reais ou imaginados, e elaborar pequenos textos questionando a homenagem a essa população espoliada, instituindo-se um "dia do índio". Construíram um grande painel coletivo. A professora da turma concordou em avaliar o rendimento através do trabalho realizado na biblioteca.

19/04/1991

CIEP: turma 205, turno da tarde

Chovia insistentemente, dificultando a passagem do prédio principal ao anexo da biblioteca, destacada no pátio. Os alunos entraram reclamando da inutilidade e do desconforto advindos do mau tempo, e apenas uns poucos viam alguma utilidade e prazer na chuva. Começaram a contar casos bons e ruins ocorridos em dias chuvosos, ou em conseqüência da chuva.

O texto lido naquela tarde foi "Chuva Colorida", extraído de *A fada que tinha idéias*, de Fernanda Lopes de Almeida. Os alunos literalmente vibraram com a história, rindo e inserindo detalhes enriquecedores durante a leitura expressiva, na melhor realização da *estética da recepção*. Ao término, invejavam Clara Luz, a pequena fada que coloria a chuva. Resolveram então inventar cores novas para coisas comuns, cada um procurando superar o colega em criatividade oral. Anotamos algumas construções, como: tingir plantas, animais, o céu, o sol e a lua; tingir todas as pessoas de uma só cor, como forma de eliminar as diferenças raciais. Discutiram as possíveis conseqüências de tais mudanças cromáticas, eliminando preconceitos, enquanto ainda alterando formas e cores da natureza, sendo as vantagens e desvantagens definidas pelos próprios alunos.

08/05/1991

CIEP: turma 402, turno da manhã

A turma veio para a biblioteca após o recreio. Muito agitados, os alunos contaram ter presenciado, minutos antes, uma briga entre dois colegas de turma, no pátio, usando como arma uma lixeira metálica. Um dos meninos teve a orelha rasgada e, ensangüentado, foi levado pela diretora ao pronto-socorro mais próximo para pontos e curativos.

A discussão girou em torno da briga, como começara, que justificativa haveria para tal atitude, como seria o relacionamento na sala de aula dos dois meninos dali em diante.

Sugerimos a leitura de *Dois idiotas sentados cada qual em seu barril*, de Ruth Rocha. Contada a história, a turma decidiu criar novos títulos, tais como "A briga dos amigos", "A burrice mata", "Todo teimoso é burro" etc. Parte da turma propôs fazer a dramatização do texto. Os que não quiseram participar da encenação trabalharam na produção do cenário, na composição dos personagens, fazendo pintura em papel pardo com hidrocor, recorte e colagem.

Após a dramatização, voltamos a conversar sobre violência, respeito, direitos e deveres, e a necessidade de resolver diferenças através da palavra. Repudiada pelas próprias crianças e adolescentes, esse tipo de violência não voltou a acontecer na escola, pelo menos durante nossa permanência.

17/06/1992

Escola Estadual: 4ª série, turno da tarde

Era o primeiro encontro dessa turma com nossa equipe. Conversamos sobre o uso da biblioteca, a necessidade de democratizar o falar e o ouvir para dar oportunidade e vez a todos. Falamos ainda da alegria que era para nós recebê-los ali para conversar, brincar, aprender, conviver, pela leitura e contação de histórias.

A professora havia pré-definido a turma como um "bom grupo", apenas com deficiências graves de leitura: segundo ela, eles não gostavam de ler, não "sabiam" ler. Nossa impressão foi diferente: uma parte da turma, ostentando badulaques importados, fazia questão de demonstrar enfado por estar na biblioteca, uma perda de tempo (*time is money*?). Diziam já conhecer *tudo* e já ter lido *tudo* o que poderia haver ali em suas escolas de origem, particulares. Nada viam ali de interessante, perdiam tempo, indo ouvir "papo furado" em vez de estar em sala "aprendendo". Outros alunos chamavam a professora timidamente, pedindo para ir embora dali. Meninos e meninas, na entrada, haviam sido orientados pela professora a sentar em grupos separados. Conversavam também separadamente, não parecendo tomar conhecimento das pessoas do outro sexo presentes no mesmo espaço.

Um determinado menino, R., que segundo a professora fazia de tudo para chamar a atenção (atitude essa reforçada pela superproteção docente), gritou com os colegas, gritou com nossa equipe, perguntou várias vezes seguidas quanto tempo já havia se passado, lamentando estar ali desperdiçando parte de sua tarde com pessoas estranhas na biblioteca. Aproveitou para informar que "odiava" livros.

Propusemos contar *Rita não grita*, de Flavia Muniz. Alguns concordaram, outros se mostraram indiferentes. R. e os próximos a ele pediam insistentemente para ir embora. Como esperávamos, a história despertou atenção e interesse. Alguns alunos diziam que a Rita se parecia, em temperamento e atitudes, com sua irmã, com a vizinha, com uma prima. Perguntamos o que gostariam de fazer a partir da história, demos algumas sugestões viáveis, e a maioria optou por criar sua própria Rita, já que não havíamos mostrado as ilustrações. Alguns alunos deram outros nomes à personagem. Todos os desenhos foram para o mural, o que foi motivo de orgulho para a maioria.

R. e seus seguidores preferiram buscar nas estantes outros livros para ler.

23/06/1992 – Escola Estadual

Escola Estadual: 4ª série, turno da tarde

Estava acontecendo no Rio de Janeiro a ECO-92, Conferência Mundial do Meio Ambiente. A conversa com os alunos era centrada em ecologia, motivada pela mídia e a propaganda do evento. Menos indiferentes, mais alunos se manifestaram com relação à proposta de leitura expressiva, aprovando o texto *Araújo ama Ofélia*, de Ricardo Azevedo.

Ao final da leitura, haviam gostado tanto do casal de idosos quanto da defesa ecológica que fazem da árvore. Alguns alunos lamentavam não ter uma oportunidade de, como os protagonistas, poder salvar um pouco da natureza dentro da cidade. Quiseram trabalhar com recorte, colagem, desenho e pintura com lápis de cor e lápis-cera. Sugerimos que fizessem um mural sobre o meio ambiente imediato, isto é, a natureza ainda viva em Icaraí, bairro onde se situa a escola. Menos da metade da turma preferiu ler outros livros, retirados das estantes por conta própria, em vez de participar do mural que, no final do encontro, foi exposto na parede do hall, a pedido dos autores, para que toda a escola visse seu trabalho. Em menos de meia hora, lamentavelmente, pouco havia sobrado do mural exposto, além de pedaços rasgados espalhados pelo chão. Professoras, coordenação e direção da escola, informadas do ocorrido, apenas lamentaram nada poder fazer a respeito.

15/07/1992 – Escola Estadual

Escola Estadual: 4ª série, turno da tarde

A professora veio justificar sua ausência, ao trazer os alunos, pois a estagiária-normalista havia faltado e ela precisava estar em sala de aula fazendo companhia a alguns alunos que se recusavam a ir à biblioteca, estudando para a prova de Estudos Sociais. Os demais alunos, ouvindo a professora, se sentiram lesados, pois haveria a tal prova. Em pequenos grupos, iam pedindo para também voltar para sua sala de aula e estudar Estudos Sociais, parecendo bastante preocupados. Algumas meninas, tensas e divididas entre a obrigação (de estudar) e a devoção (de estar na biblioteca), não sabiam o que fazer.

Para diminuir a tensão e a ansiedade, propusemos contar uma história engraçada, escolhendo *O macaco e a velha*, do domínio popular, transcrita por Ricardo Azevedo. Assim que surgiu na história a figura do Macaco Simão, R. e alguns outros colegas começaram a gritar os nomes de dois colegas negros, visivelmente constrangidos. Os demais colegas riam e incentivavam o deboche racista.

Interrompemos a narrativa para mostrar que, na formação da nação brasileira, todos temos componentes de (quase) todos os continentes, principalmente o europeu e o africano. Concluímos a história e, como a maioria riu e gostou bastante das peripécias de Simão, prometemos levar, no encontro seguinte, uma fita gravada com outra versão do mesmo conto. Propusemos a quem preferisse, voltar à sala de aula, prometendo retornar na semana seguinte. Todos se levantaram, à exceção de um pequeno grupo de cinco meninos, que pediu para ouvir mais histórias, e duas meninas, que ficaram lendo textos escolhidos nas estantes.

Sendo o assunto de interesse geral a tal prova de estudos sociais, contamos algumas histórias do folclore nacional afro-indígena: *Cururu virou pajé*, *Rainha Quiximbi*, *História de Trancoso* e *O Saci e o Curupira*, de Joel Rufino dos

Santos; e *Urutau é moça encantada*, de Rogério Borges. Ao término de cada narrativa, os cinco pediam mais uma, até dar o tempo de voltar à sala para fazer a temida prova.

Quem terá aprendido mais? Infelizmente, não tivemos resposta objetiva a essa pergunta, principalmente porque esse instrumento de avaliação aparentemente visava a testar conhecimentos específicos memorizados, pré-prontos e digeridos, em oposição ao tipo de construção de conhecimento valorizado no projeto.

12/08/1992 – Escola Estadual

Escola Estadual: 4ª série, turno da tarde

Estando a professora novamente ausente, maior era a dificuldade em conseguir a atenção da turma na biblioteca, pois não tínhamos conseguido estabelecer um vínculo afetivo concreto com os leitores. A bibliotecária do turno da tarde começou a pré-leitura com os alunos, a partir de comentários surgidos sobre "irmãos levados". Propusemos contar *O menino maluquinho*, de Ziraldo, mas a sugestão foi rejeitada por todos, pois já conheciam a história detalhadamente. Aceitaram que contássemos *Marcelo marmelo martelo*, de Ana Maria Machado. Decidimos interromper a história antes do final, para que criassem um novo fechamento para o texto. Era mais uma tentativa nossa de prender sua atenção, pois a concentração na leitura era permanentemente dispersada. Tratando-se de uma turma acidamente crítica, poucos se arriscaram, sob os apupos dos colegas. O grupo mais rebelde, provocativamente, disse que "naquela história todo mundo era *gay*", e a família toda "havia morrido de AIDS".

Aproveitamos a sugestão para questionar a associação exclusiva de homossexualismo à AIDS. Haveria outro grupo de risco? Seríamos nós, ali, um grupo de risco? "Claro que não", disseram. Então, começamos a explicar que todos estávamos sujeitos à contaminação, não somente por via sexual, mas por acidente, transfusão de sangue, falta de controle sanitário rígido em hospitais. Demos, como exemplo, o caso de Henfil e seus irmãos, e outras centenas de desconhecidos que haviam contraído o vírus sem serem necessariamente *gays*. Conseguimos mostrar a um grupo bastante surpreso que se tratava muito mais de uma endemia social que simplesmente sexual.

Como resolver a questão? Respondemos que pelo exercício da cidadania, exigindo qualidade nas escolas públicas, hospitais públicos, na nossa biblioteca, pagos antecipadamente e com fartura pelos impostos a nós cobrados, por vias explícitas e implícitas. Compreendendo a gravidade do problema, prosseguiram a discussão, relatando ocorrências com parentes, amigos e vizinhos, envolvendo a questão da saúde pública em nosso Estado. Foi decidido, então, que contaríamos essas histórias reais de forma completa, com início e meio verídicos e finais criativos, coletivamente. Grupos de quatro e cinco se juntaram para criar textos e ilustrações sobre folhas de papel pardo. Nesse ponto, percebemos que havia diminuído a resistência e a dificuldade de trabalhar com eles, e deles mesmos entre si, dividindo tarefas intercomplementares. No início dos trabalhos, mesmo que trabalhassem sobre um painel, a ação era isolada, individual. Outro elemento a relatar era que, agora, já havia um ou outro menino se arriscando a compor equipe com as meninas.

Avaliação

O diagnóstico no CIEP foi tecido a partir e por meio de contatos orais, conversas, participação em reuniões técnico-pedagógicas, relatos das professoras de cada turma, sendo dessa maneira decidida a ordem de priorização das turmas para o projeto em cada turno. De forma ampla, as professoras viam em seus alunos grande carências lingüístico-cognitivas.

O questionário de sondagem na Escola foi aplicado a apenas três professoras, que não responderam à pergunta sobre sua formação acadêmica, e que declararam ler *best-sellers* sobre auto-sugestão consciente nas horas de lazer. Uma delas usou com seus alunos um texto de Cecília Meireles, e louvou sua capacidade como leitores capazes, apesar de "agitados" – uma conseqüência das dificuldades no aspecto psicológico [*sic*]. Suas expectativas quanto ao projeto se situavam no reforço do hábito de leitura e na capacitação para desenvolver interpretação [*sic*].

Após a tabulação das respostas dos alunos ao questionário de sondagem aplicado à turma de 4ª série, em que se concentrou nossa pesquisa na Escola, pudemos concluir que:

- todos (menos um aluno) gostavam de ler e liam por lazer ou buscando informação;
- todos sentiam prazer em ir à biblioteca e à escola, de modo geral;
- as opções de lazer declaradas eram bastante variadas;
- todos se diziam felizes com a própria vida, com suas famílias, com a escola;
- as alunas, mais seletivas, disseram considerar amigas as colegas do próprio gênero, enquanto os meninos viam em todos os colegas "bons amigos que contribuíam para sua felicidade".

Ironicamente, foi aí que houve grandes dificuldades de relacionamento, como narrado anteriormente. Se no CIEP, o espaço amplo da biblioteca facilitava a concentração da atenção, possibilitando a organização de um círculo para conversa e para a leitura expressiva, na Escola, um dos problemas era o espaço exíguo da biblioteca, que não permitia a remoção ou a movimentação de cadeiras e mesas ao redor das quais os alunos se arrumavam, muitas vezes de costas para colegas e para a equipe. Outro elemento complicador era o fato de que, apesar de se terem declarado leitores e usuários de biblioteca, os alunos da Escola demonstravam desinteresse, dificuldade de concentração visual e auditiva, pouca familiaridade com o texto escrito e permanente dispersão.

Se compararmos os dados obtidos na sondagem (CIEP e Escola), há contrastes na atitude inicial de exposição à leitura e na variedade de opções de lazer. Ratificamos que a diferença socioeconômica entre os alunos das duas instituições era nítida, prevalecendo no CIEP a classe menos favorecida (filhos de domésticas, pedreiros, serventes da própria escola, ambulantes e biscateiros), e na Escola as camadas medianas da sociedade (40% dos pais com escolaridade média, desempregados ou sub-empregados, mães professoras ou donas-de-casa; e ainda, filhos de motoristas profissionais, empregados na construção civil, empregadas domésticas).

Os contrastes familiares também merecem destaque, pois aproximadamente 30% dos alunos no CIEP viviam com avós, madrinhas ou tias; 30% com apenas um dos pais, por morte ou separação; os demais declararam conviver com o núcleo familiar imediato (pais e irmãos). Na Escola, 75% do alunado declararam conviver em famílias tradicionalmente constituídas, sendo curioso acrescentar a grande concentração de mães (e alguns pais motorizados) à espera dos filhos nos horários de saída.

O nível de ruído da escola (Escola) era sempre ensurdecedor, mas não foram registrados maus tratos nem excessivo rigor por parte do corpo docente, ou auxiliares de pátio. No CIEP, o portão costumava ser trancado e vigiado por uma funcionária bastante ríspida no trato, especialmente com os alunos menores. Era raro ver acompanhantes para as crianças, mesmo para os pequeninos, à hora da saída.

O alunado do CIEP nos pareceu mais autocrítico, consciente dos limites impostos pelo sistema pedagógico e socioeconômico: protegiam-se sob a aparente indiferença e desinteresse pelas propostas, mas respondiam rápida e positivamente à aproximação pessoal. Um exemplo claro foi a freqüência à biblioteca dentro do projeto: 100% nunca haviam estado lá, nem feito empréstimo de livros, pesquisa ou leitura literária na escola. Sua reação, no entanto, foi de rápida compreensão e assimilação dos objetivos do trabalho, colaborando, participando, realimentando a ação dinamizadora. Sua observação crítica mostrou crescimento, até mesmo na avaliação cotidiana dos trabalhos, cobrando, por exemplo, mais diálogos nos textos, para que soassem mais dinâmicos, propondo rumos outros para personagens e enredos.

Apesar de freqüentemente pedirem para encenar os textos lidos, nos questionários de avaliação registraram como atividades favoritas desenho, pintura e a construção de murais coletivos. Dentre os textos apontados como prediletos, sobressaíram *A casa sonolenta*, de Audrey Woods, e *Marcelo, marmelo, martelo*, de Ruth Rocha. O primeiro se destaca pela qualidade gráfica do texto e das ilustrações (traço, cor, expressão artística, humor e movimento), além da ludicidade da história, que cria e satisfaz expectativas. Curiosamente, foi associado ao texto folclórico musicado e gravado por Bia Bedran ("Tangolomango"). O texto de Ruth Rocha, como já descrito anteriormente, abrange humor, criação, aventura e um final aberto à participação do leitor como co-autor.

A clientela da Escola agia de forma bastante crítica em relação aos próprios colegas, ao projeto, aos textos, tornando-se um pouco mais receptiva através do convívio na biblioteca, freqüentada pela maioria. Sua aprovação incondicional do ambiente escolar levanta suspeitas, podendo refletir a consciência do documento escrito.

A agressão entre os alunos, embora ferina e verbal, não chegou a conflitos de violência física, como presenciado no CIEP, talvez pela limitação espacial e maior vigilância, com uma elevada percentagem no número de adultos por aluno.

A aproximação da equipe com o alunado do CIEP garantiu que conhecêssemos cada um pelo nome, relacionado à turma e à professora. Na Escola não foram criados vínculos afetivos com a equipe, apesar da maior intensidade de nossa presença na escola (24 horas semanais de março a maio, e 14 horas semanais de junho a novembro).

A avaliação se fez com base nas respostas obtidas em:

- entrevistas com professoras e alunos no início das atividades no CIEP;
- questionários de sondagem aplicados a alunos e professoras da Escola;
- questionários de avaliação final aplicados a alunos e professoras das duas escolas.

Entendemos que, por ser um processo permanente, a avaliação ultrapassa este capítulo e se apresenta dialeticamente desde o início deste livro. Procuramos resgatar uma ontologia relacional, ou seja, de compreensão e otimização das relações sociais pela leitura mediada com razão e emoção.

Os resultados encontrados na 2ª parte do projeto foram organizados em dois planos:

- resultados do projeto quanto às expectativas da equipe e aos objetivos traçados;
- modificações verificadas pela equipe no comportamento integral dos sujeitos e reconhecidas por suas relações imediatas no contexto escolar.

Por se tratar de pesquisa participante, a avaliação mais coerente é a qualitativa (Demo, p.13), cujo interesse se concentra em políticas culturais, sócio-políticas, psicossociais. Seria ingênuo dissociar a avaliação de um processo educacional das necessidades sociais de produção. Isso se manifesta com clareza na identificação de um *projeto de leitura* como uma proposta de "ler mais, compreender melhor, obedecer com maior presteza e acuidade ao comando escrito", disfarçada em chavões de uso constante na escola. A sobrevivência, aceitação e aprovação do projeto claramente se subordinaram aos resultados cognitivos obtidos e reconhecidos pelas escolas que o sediaram.

> Se quisermos transformar a história, há que começar pelas condições materiais de existência, não pelas idéias, pela consciência, pela arte, pela cultura etc. (Demo, 1987, p. 14)

Reconheço a dificuldade de determinar o que é *qualidade*, e não a entendo aqui como característica etérea, esotérica ou espiritual. Como Demo, associo a *qualidade formal* (de instrumentos, métodos e técnicas) à *qualidade política* (nas finalidades e conteúdos).

Assim, penso que a avaliação da qualidade formal se refere especificamente à metodologia de ação utilizada pela equipe neste trabalho. Foi possível verificar se os meios facilitaram a realização dos objetivos, isto é, se numa proposta de dinamização da leitura e o conseqüente desenvolvimento integral dos sujeitos, a opção de partir da oralidade (valorizando o saber e a cultura dos sujeitos) validou a teoria. Alguns exemplos estão nos conhecimentos adquiridos pela equipe de dinamização sobre meios de encontrar água em dado terreno, características de cada tipo de poço; tratamentos fitoterápicos variados para combate a parasitas e insetos caseiros (piolhos, formigas, baratas etc.); crenças e superstições da periferia urbana de Niterói e do interior fluminense; saberes específicos sobre tinturas indeléveis a partir de folhas e frutos locais etc.

O fato de não ser imposta a leitura do texto literário, na prática sugerido após a conversa inicial, sustentou politicamente a intenção de democratizar a ação e trabalhar com elevado nível de interesse. O aproveitamento criativo e crítico da leitura complementou a composição de um raciocínio estético e pedagógico. Ainda na rota da qualidade formal, a ação da equipe foi avaliada quanto ao domínio do acervo e sua indexação, quanto à elaboração e aplicação de questionários e entrevistas com alunos, professores e direção antes, durante e ao término do projeto, bem como a adequação do processo de mensuração dos dados produzidos.

O domínio do acervo se constituiu em imprescindível meio de facilitação da ação, posto que, não havendo previsão do *tema* de cada encontro, a conversa inicial, dependendo do rumo tomado, remetia a esse ou àquele texto. A indexação teve por propósito evitar que a dinamização da leitura se encerrasse após o afastamento da equipe, e que cada professora ou responsável pelo espaço de leitura precisasse dispor das muitas horas necessárias ao conhecimento integral do acervo. Assim, surgido o tema gerador, teríamos apenas que consultar a listagem, escolher o texto, identificá-lo na estante usando os códigos facilitadores que a equipe criou (cores/tema, por exemplo) e apresentá-lo à turma.

As entrevistas feitas com os sujeitos e os questionários aplicados se apoiaram nos objetivos definidos *a priori*, que procuraram o desenvolvimento integral dos sujeitos nos planos psicossocial, político-cultural e lingüístico-cognitivo. Algumas questões, entretanto, após a aplicação, pareceram demasiadamente diretas e diretivas, incorrendo numa falha comum em testes escritos. Após a aferição das respostas, e tomando contato com os alunos na biblioteca, foi possível perceber as várias inadequações das perguntas formuladas. Por exemplo, uma das perguntas, que visava a aferir problemas psicossociais, era "você é feliz?"; teve respostas como "sim, tenho casa, comida e escola"; "tenho pai e mãe e um lugar para morar", "tenho meus pais e Deus", e "tenho tudo que quero".

Similarmente, a questão sobre as relações sociais internas (dentro do grupo) apresentou respostas vagas e afirmativas sobre a dimensão do círculo socioafetivo ("você tem muitos amigos? Quantos?"). Se os meninos registraram como amigos toda a turma, as meninas descartaram o sexo oposto. Na convivência, foi possível perceber, especialmente entre os meninos, a deterioração das relações devido a preconceitos socioeconômicos e raciais (conforme detalhado em "fases da ação" e "relatos").

Tais observações forçaram a equipe a reconhecer a superioridade da acuidade e clareza das entrevistas (conforme feito no CIEP) sobre os questionários (aplicados na Escola). No CIEP, atingido o ponto de descontração, os depoimentos foram críticos e contundentes a respeito das relações com a família, a comunidade e a escola (colegas, professoras, espaço, adultos em geral). Percebemos um agudo senso de realidade, aliado à forte autocrítica, caracterizando o *locus* de controle interno: o ter pouco, o não ser feliz, o insucesso escolar como conseqüências da própria pobreza, a incapacidade intelectiva, o desperdício da oportunidade de estar na escola [*sic*] etc. Não foram evidenciados preconceitos socioeconômicos e raciais, o que parece compreensível devido à caracterização maciça do alunado do CIEP, filhos de classes menos favorecidas, majoritariamente negros ou mulatos.

A avaliação da qualidade política da pesquisa, que "talvez nos coloque mais questões do que respostas" (Demo, 1987, p. 18), se fez sobre os conteúdos, levando em conta a historicidade dos sujeitos e do processo, substância essa que significa a verdadeira *construção do conhecimento*. O saber pode significar relacionamento entre o ser humano e a natureza, entre seres humanos, entre o ser humano e seu próprio interior, e o acesso ao poder. Por isso, jamais poderá ser neutro ou incolor. A forma e a utilização do saber estarão estreitamente ligadas à opção de cada um, àquilo que o/a fará feliz. O que não podemos é negar o acesso à opção.

Na ação dinamizadora desenvolvida no CIEP, qualidade significou participação, interação, criação, recriação, questionamento, crítica, processo e produto. A experiência é passível de avaliação segundo os "testes" propostos por Demo (1987, p. 33-34), pois agiu na esfera da consciência política, da capacidade crítica e autocrítica, da consciência social, da identidade, solidariedade e conflitos comunitários, da visão do Estado, da necessidade de auto-sustentação, da educação e da associação, como projeto pedagógico. Como projeto literário, procurou atender às necessidades estéticas de despertar e satisfazer a sensibilidade, responder à afetividade de cada leitor e do grupo – *poiesis, katharsis, aisthesis*.

A análise do conteúdo, avaliável na prática, demonstra ter havido modificações substanciais no comportamento dos alunos. Assim,

- se antes eram passivos, omissos, submissos, delatores dos colegas, após a ampliação de sua capacidade crítica e autocrítica, perceberam a força da identidade e solidariedade comunitária (observado e declarado no CIEP/ declarado na Escola);
- se antes eram fatalistas resignados e acomodados face aos problemas político-sociais na escola e na comunidade, adquiriram consciência política e a percepção dos direitos e deveres do Estado e da autoridade, em diversas instâncias, bem como de seus próprios direitos e deveres sociais;
- se antes eram autoculpados pelo fracasso, pelas diferenças, pela inadequação, passaram à análise dos conflitos, ao reconhecimento da necessidade de consciência social, educação e auto-sustentação sóciopolítica (CIEP).

Sem que fomentássemos rebelião ou desrespeito, percebemos que o conceito de liberdade democrática, freqüentemente confundido com permissividade demagógica, se fiel a sua definição ontológica, elimina áreas de temor social. O que se viu na prática foi um aumento das responsabilidades e do cumprimento de direitos e deveres, a começar pelo controle do tempo e espaço para a palavra de cada um, auto-regulado pelo grupo, passando pela compreensão da noção de público e privado.

Foram observadas modificações:

- no cuidado crescente com bens e instalações da biblioteca (não foi registrado nenhum caso de perda, extravio ou dano ao acervo ou às instalações durante os anos de duração do projeto) – CIEP e Escola;
- na cobrança de justificativas coerentes para ordens impostas arbitrariamente pelas autoridades – CIEP;
- na diminuição (até extinção) dos casos de delação e agressão física entre colegas – CIEP;
- na crescente auto-estima perceptível no externalizar opiniões (discordando ou concordando, porém com justificativas próprias) – CIEP;
- no orgulho em enumerar os títulos lidos, ao tentar influenciar colegas na escolha de leituras – CIEP e Escola;
- na apropriação de vocábulos e estruturas sintáticas apreciadas nos textos literários e utilizados na linguagem oral (por achar belos, e não por submissão cultural) – CIEP;
- na cobrança de seu direito a tempo e espaço semanais no projeto, a despeito de feriados, faltas, greves – CIEP e Escola;
- na extensão do empréstimo domiciliar a parentes, amigos e vizinhos, multiplicando por conta própria os efeitos do projeto de leitura – CIEP;
- na descoberta de problemas pessoais e sociais antes ignorados, por meio de textos contemporâneos – CIEP e Escola;
- na realização pessoal e encontro de vocação e talento artístico (teatro, música, dança, desenho, pintura, esportes), por meio das atividades pós-leitura – CIEP;
- na satisfação da curiosidade sobre assuntos-tabu (AIDS, sexualidade, morte, medo, etnia, sobrenatural, linguajar chulo) – CIEP e Escola;
- no aumento da afetividade, expresso em beijos, abraços, palavras, presentes e sorrisos para com a equipe de dinamização e com suas próprias (e surpresas) professoras, no lugar da agressão e/ou indiferença anteriores – CIEP.

A avaliação permanente nos permitiu acompanhar o desenvolvimento dos alunos,verificar o real alcance dos objetivos-meta, a exeqüibilidade e adequação da metodologia pretendida, pois deu indicativos reais das preferências e interesses dos sujeitos da pesquisa, além de oferecer um quadro próximo da identidade de alunos e professores e o perfil da ambiência escolar.

Entendemos como de amplo alcance os resultados produzidos no CIEP, com base nas declarações do corpo docente e nas modificações observadas no acompanhamento dos alunos. Contribuiu para esse alcance a qualidade das relações da equipe com a direção, coordenação e corpo docente, bem como a facilitação e maior duração da ação dinamizadora, permanentemente apoiada e valorizada pela escola. A receptividade – em que fosse a solicitação da presença da universidade por parte da direção – e confiança foram visíveis, desde a oferta de cópia de chaves da biblioteca para toda a equipe, até a abertura de todos os espaços da escola, com a identificação do grupo como integrantes do CIEP. Participamos de reuniões pedagógicas, nas quais pudemos opinar. Éramos apresentadas sistematicamente a todos os visitantes, com demonstrações de apreço e orgulho, como representantes da universidade atuando na escola.

A ação contínua, duradoura e efetiva do projeto no CIEP, de novembro de 1989 a outubro de 1991, apesar dos períodos de greve e paralisação, se realimentou ainda na vontade expressa pelas professoras de ter suas turmas atendidas pelo projeto, e no reconhecimento do alcance das possibilidades de desenvolvimento por meio do texto literário dinamizado e mediatizado positivamente.

Nas oito turmas que integraram o projeto no CIEP, houve mudanças individuais e grupais consistentes, nos aspectos afetivo, sócio-político e cognitivo. As opções favoritas de atividades pós-leitura – produção de ilustrações próprias, murais e a dramatização das cenas – parecem ter contribuído para a auto-realização pessoal na elevação da auto-estima e na diminuição do nível de autocrítica, bem como para a integração psicossocial interdiscente. Da mesma forma, a mediação positiva e democrática do projeto favoreceu tanto a desmistificação do papel autoritário e repressor do adulto-professor, quanto da leitura como tarefa obrigatória, enfadonha, censurada, cobrada e punitiva, e do livro literário como bem patrimonial sacralizado, a ser, antes de mais nada, conservado.

O alcance dos objetivos perseguidos na Escola se restringiu às mudanças individuais de comportamento. O trabalho foi realizado de forma mais consistente na turma de 4ª série do turno da tarde, em que foi obtida uma resposta positiva quanto ao encontro da leitura como campo prazeroso de descoberta, convívio e crescimento pessoal. Com apenas um contato semanal permanente com a turma, durante três meses (aulas interrompidas pelas férias de julho), pudemos perceber que:

- o grupo que se mostrava rebelde e agressivo, embora aparentemente desinteressado, durante as fases interativas (de pré e pós-leitura), ouvia as narrativas e opinava sobre os textos; os cinco meninos que compunham esse grupo específico habitualmente pegavam livros nas estantes de literatura infantil e juvenil, e liam sozinhos ou em conjunto;

- não houve alteração consistente nas atitudes de submissão, omissão e passividade características dos alunos "periféricos", isto é, não admitidos nos pequenos subgrupos da turma. Não foi visível qualquer modificação da ação coletiva, contrariando a expectativa da equipe, que esperava uma atitude de solidariedade e identidade comunitárias;
- houve uma pequena elevação da compreensão do papel do Estado e das instituições públicas, perceptível por meio das soluções propostas para conflitos sociais externos;
- embora – de acordo com as respostas aos questionários de sondagem – se declarassem felizes e entrosados, era clara a ruptura sociocultural interna, devido talvez à coexistência de diferentes padrões socioeconômicos.

No todo, não foi verificado crescimento coletivo significativo em qualidade afetiva nas relações aluno-aluno, alunos-equipe, alunos-professoras. Houve algum progresso na socialização dos gêneros, assim como na compreensão do "trabalho em equipe", visíveis na mudança de comportamento social na biblioteca. Não foi possível aferir de forma acurada, dentre as turmas que passaram pelo projeto (devido à participação meteórica de algumas turmas, que tiveram não mais que dois encontros com a equipe), se houve modificações de comportamento mais consistentes. Observamos, porém, o alto nível de interesse demonstrado pelas três fases da ação, especialmente pela narrativa oral, com todas as turmas, sem exceção.

Em uma das turmas de 5ª série no primeiro turno, houve resposta positiva no aspecto psicológico, com significativa aproximação afetiva do grupo com a responsável pela biblioteca, que atuava diretamente com nosso grupo de dinamização. Cerca de 40% da turma começou a se interessar por leitura e criação de textos poéticos, dedicados à professora com crescente entusiasmo. As alunas dessa turma iniciaram a produção de diários, cadernos de pensamentos e trovas, satisfazendo a direção e a coordenação, que julgaram o treino psicomotor da cópia de textos bastante "enriquecedor".

Foi declarada e demonstrada a descoberta da leitura literária como fonte de prazer, lazer e informação, já que nos questionários de sondagem a indicação única de leitura eram revistas em quadrinhos. O confronto entre as respostas pré e pós-ação dinamizadora com a turma de 4ª série (nosso único sujeito estável de trabalho nessa fase) permite concluir que

- os alunos já freqüentavam a biblioteca para "pesquisa" e empréstimos de livros, sem que houvesse um trabalho de mediação ou de aproximação da leitura;
- houve desenvolvimento do hábito de ler, percebido e ampliado em geral pela intensa procura da biblioteca nos intervalos de aulas, no horário de recreio e em aulas vagas;
- o declarado prazer encontrado na escola e na biblioteca se referiu às atividades socializadas entre pequenos grupos, posto que as relações internas nos pareceram significativamente corroídas por preconceitos socioeconômicos, raciais, sexuais e de gênero;
- a variedade de opções de lazer previamente declarada foi acrescida da leitura literária como mais uma possibilidade recreativa, em número significativo. Nos questionários de sondagem, os alunos haviam declarado ter o hábito de freqüentar a biblioteca da escola e fazer empréstimos domiciliares.

Reconhecidamente, não conseguimos construir um tecido consistente de relações pedagógico-sociais na escola, quer com o corpo docente, quer com a maior parte dos alunos na Escola. Prova disso é o fato de que a professora Analéa, a primeira interessada em levar o projeto para a escola, só veio tomar conhecimento da presença da equipe em novembro de 1992, quando já encerrávamos os trabalhos na escola (embora a equipe a freqüentasse sistematicamente três vezes por semana, desde março). Em nenhuma oportunidade houve reconhecimento e divulgação da ação dinamizadora junto ao corpo docente, e menos ainda a inserção da equipe através da participação em reuniões técnico-pedagógicas ou conselhos de avaliação. A experiência dessa segunda fase, por esses motivos, diferiu bastante das fases anteriores.

Apesar da equipe ter sido recebida oficialmente de forma positiva, houve um cerceamento indireto ao projeto: há variadas maneiras de, nas entrelinhas, facilitar ou impedir o desenvolvimento de uma ação mobilizadora. Uma dificuldade foi a flutuação do horário destinado à dinamização da leitura; outra, a permanência extra-oficial da equipe na escola. Um sinal evidente da rarefação de nossa permanência na escola era visível no sistemático impedimento de nossa entrada pelos responsáveis pelo acesso ao interior do prédio, exigindo nossa identificação durante toda a experiência (fevereiro a novembro de 1992). A rigor, éramos elementos estranhos, não-reconhecidos no cotidiano da escola.

Apesar do macroplanejamento verticalizado e oficial, é inegável que as escolas da rede pública diferem intrinsecamente entre si, pela variedade na direção imediata, pela localização geográfico-social, pelas características político-culturais do corpo docente e da comunidade em que cada uma se insere. Assim, não pretendemos definir o perfil da rede através do trabalho com apenas três casos.

Refletindo sobre o conhecimento construído

Com quem realizo o sonho?
O que significa mesmo perguntar?
(FREIRE; FAUNDEZ)

Martins (1989) compara a descoberta do mundo à descoberta da leitura: o primeiro apelo se faz aos sentidos, passando-se à leitura emocional, seguida da racional. Como fiz Saffioti, "a emoção pode muito bem fecundar a razão" (p. 208).

Trabalhamos ao todo com oito turmas diferentes em quatro anos, nos dois espaços escolares da retomada do projeto. Em quase todas as turmas, o primeiro título lido expressivamente foi *A curiosidade premiada*, de Fernanda Lopes de Almeida, escolhido devido à curiosidade que nossa presença despertava, revelada por perguntas interessadas, ou seu oposto, a estudada indiferença por nós, elementos estranhos ao cotidiano da escola. As diferentes reações, no entanto, denunciavam a necessidade de reconhecimento do novo, de apropriação do espaço, de elevação da auto-estima: era nova a proposta, eram desconhecidas as pessoas e, para muitos alunos, era a primeira ida à biblioteca. Freire e Faundez (1985) falam da "castração da curiosidade" na escola. Deveríamos aprender a perguntar, pois "a partir das perguntas é que se deve sair em busca de respostas" (p. 46). A escola deveria abrir espaço para o *perguntar* como ato comum, diário, em vez das respostas forjadas na obediência uníssona, na "disciplina".

Em uma ocasião, propusemos a uma das turmas no CIEP que lessem eles mesmos, silenciosamente e em pequenos grupos, o texto da *Curiosidade Premiada* (havia quatorze exemplares disponíveis). Deveriam usar os cinco sentidos, procurando reter o que haviam percebido; em seguida, deveriam reler a história, procurando perceber seus sentimentos (gostar, simpatizar, antipatizar, detestar, sentir pena, medo, raiva, indiferença etc.) em relação às personagens e às ações. E, numa terceira leitura, procurariam "estudar" o texto, analisando o título, as personagens, o desenvolvimento e o final da história.

A leitura gerou uma variedade de reações, da rejeição total à personagem Glorinha até a revelação de identificação plena com a mesma. Os eloqüentes traços de composição das personagens não passaram desapercebidos, tais como o ar conivente do cão de Dona Domingas, sorrindo para o leitor, ou o comentário paralelo feito pelo silencioso irmão de Glorinha a respeito do prêmio ("gente grande só vê prêmio quando pega nele").

Algumas ilustrações revelaram dilemas cruciais, enquanto outras deram margem a interpretações personalizadas. Por exemplo, a imagem da cozinheira, retratada como negra, gorda e desdentada, fixando um estereótipo racista e socioeconômico; a domesticidade da mãe, ocupada em servir docinhos à visita, ou sentada à máquina de costura, afastando a filha com a mão enquanto conversa ao telefone; a cor da roupa da menina, amarela com bolinhas, denunciando o "desespero" de Glorinha, sufocada de perguntas sem respostas. Foram ainda observados e comentados criticamente: a transformação do cenário, antes e depois da visita a Dona Domingas, cuja sala é enfeitada com exuberante folhagem; o tamanho das letras nas falas agressivas; a postura ameaçadora dos adultos em relação à pequena protagonista etc.

A atividade coletiva que se seguiu foi pôr no papel a pergunta mais profunda de cada um, aquela ainda sem resposta satisfatória, e que todos juntos tentariam responder. Em ocasiões anteriores, havíamos encenado o texto, incluindo a dramatização dos objetos e pessoas silenciosas, atribuindo-lhe sons e gestos, de acordo com a expressão revelada na história. A mesma técnica foi usada após a leitura de alguns textos de Ziraldo, como *O Joelho Juvenal, Pelegrino e Petrônio*, em que partes do corpo são humanizadas, criando vida própria, com voz e vontade.

Ante as respostas eloqüentes e fundamentais dadas pelos alunos-leitores incluídos no projeto de dinamização, decidi testar a reação de graduandos de Letras sobre o mesmo texto (*A Curiosidade Premiada*). Eu queria instigar, em sua leitura, uma abordagem semiótica da questão da imagem no texto, além de reflexões sobre a comunicação e seus signos. O impacto de utilizar literatura infantil como tema de aula de Didática de Letras foi acrescido de descobertas significativas no campo da análise e apreciação estética da obra de arte literária, com respostas surpreendentemente positivas.

Houve uma circularidade reveladora nesse intercâmbio de experiências da biblioteca da escola à sala de aula da universidade, contribuindo para a construção de conhecimento crítico e criativo dentro do espaço acadêmico. Isso significa que o texto literário de boa qualidade (estética, semiótica, lingüística, política) pode ser apreciado por leitores de idades variadas, subsidiando a reflexão, o aprendizado, o prazer, a fruição.

Leitura e texto se uniram para a transformação coletiva, em um processo eficaz de comunicação dentro do contexto real: "o social determinando a leitura e constituindo seu significado" (SOARES,[15] p. 18). No decorrer do projeto, não houve rejeição a textos de boa qualidade literária (à exceção do explorado *Menino maluquinho*), quer por serem muito infantis, inadequados ou pouco satisfatórios, quer pela apresentação estética ou pelo direcionamento pedagógico. Os relatos neste livro de trabalhos feitos com adolescentes sobre textos indicados pelas editoras para crianças pequenas, como foi o caso de *Lucia-já-vou-indo*, *Maria Vai com as outras*, *A Margarida friorenta*, mostram pleno aproveitamento dos objetivos cognitivos, psicossociais e sóciopolíticos perseguidos, sem problema de adequação etária.

Nossa meta foi o "acesso ao conhecimento diferenciado, aquele que permite ao leitor reconhecer sua identidade, seu lugar social, as tensões que animam o contexto em que vive ou sobrevive, e sobretudo a compreensão, assimilação e questionamento seja da própria escrita, seja do real em que a própria escrita se inscreve" (OSAKABE[16], p. 25). Neste trabalho, "escrita" corresponde às variadas formas de representação do pensamento, expressas em diferentes códigos pelos sujeitos.

Ouvir e ler foram ações ativas, produtivas, criativas e interativas, posto que a leitura não é coisa destacada da vida, descontextualizada. Darnton define a *leitura* como um processo muito mais profundo e vasto, o esforço eterno de tentarmos encontrar significado no mundo que nos cerca e dentro de nós mesmos (in BURKE, 1992, p. 234). Essa definição corrobora a afirmação de Bettelheim de que os contos de fadas ajudam as crianças "a lidar com os problemas psicológicos do crescimento e da integração de suas personalidades" (1986, p. 23), ajudando a guiá-las e as orientar para um futuro mais satisfatoriamente independente. Para isso, os pequenos leitores se identificam com os heróis solitários, fracos, porém astutos, que protagonizam os contos tradicionais. Tal identificação pode ser ampliada para o aspecto sóciopolítico, combinando-se a magia dos contos a textos infanto-juvenis contemporâneos que se preocupam em reproduzir situações reais do cotidiano. A mescla fantasia-realidade nos parece ideal para o desenvolvimento da pessoa integral que buscamos.

Em relação às preferências dos ouvintes-leitores, é pertinente retomar a questão discutida por Meireles sobre o que caracterizaria o *livro infantil*. Para a autora, constituiria literatura infantil aquilo que as crianças lêem "com utilidade e prazer", sendo, então, uma classificação *a posteriori* (1984, p. 20). De fato, houve grande interesse e curiosidade, nas turmas de 4ª série em 1986 e

---

[15] In: ZILBERMAN; SILVA, *Leitura: perspectivas interdisciplinares*, 1988

[16] *Apud* SOARES in ZILBERMAN; SILVA. *Leitura: perspectivas...*, 1988.

1987, na fase preliminar do projeto, por um exemplar de coleção didático-científica intitulado *O corpo humano*. Em busca de informação e satisfação da curiosidade acerca das mudanças ocorrendo em seu próprio corpo na puberdade, houve acirrada disputa pelo empréstimo do livro, cuja leitura proporcionou aos alunos "utilidade e prazer". Cremos que, naquela situação, e de acordo com a definição de Meireles, aquele livrinho se tornou a mais atraente modalidade de literatura infanto-juvenil da biblioteca. Terá havido prazer estético? Seja qual for a resposta, será que era essa a questão central no momento?

> Por isso, em lugar de se classificar e julgar o livro infantil como habitualmente se faz, pelo critério comum da opinião dos adultos, mais acertado parece submetê-lo ao uso – não estou dizendo à crítica – da criança que, afinal, sendo a pessoa diretamente interessada por essa leitura, manifestará pela sua preferência, se ela a satisfaz ou não. Pode até acontecer que a criança, entre um livro escrito especialmente para ela e outro que não foi, venha a preferir o segundo. Tudo é misterioso, nesse reino que o Homem começa a desconhecer desde que o começa a abandonar. (Cecília Meireles, 1984, p. 30)

A metodologia de ação obedeceu a um critério dinâmico quanto ao conteúdo, porém estável quanto à forma, como já definido. A partir da conversa inicial (pré-leitura), era extraído o *tema* do encontro, e então proposto o texto que melhor parecia se relacionar tematicamente com a conversa, para ser contado de forma expressiva; em casos em que as ilustrações se constituíam em *imagens*, eram essenciais à compreensão do texto; mas quando tinham caráter ilustrativo, pedíamos às crianças que imaginassem as cenas e, se quisessem, as reproduzissem durante ou após a narrativa. Só então fazíamos a avaliação crítica do texto, e em seguida a atividade de criação (pós-leitura) conjunta e/ou individual.

Justificamos a opção por contar histórias, primeiramente, porque a entendemos como forma de socialização da experiência literária, proporcionando ao grupo situações de aspecto psicossocial (estesia, humor, emoção, tristeza, solidariedade), mais efetivas em conjunto do que se experienciadas de modo solitário. Isso seria impossível como leitura individual, devido ao limitado número de exemplares de cada título.

Igualmente importante nos pareceu a oportunidade de dar vida expressiva aos personagens, situações e ações, com a utilização de mímica, modulações de voz, gesto (elementos supralinguísticos). Não é à toa que o milenar ofício de narrador tem tanta importância nas sociedades ancestrais tradicionais, e ainda no início da vida de todos nós.

Sobre contar histórias, recomendamos a leitura de "Histórias que os camponeses contam: o significado de mamãe Ganso" in *O grande massacre de gatos*, Robert Darnton, 1986. O autor lamenta na leitura silenciosa a impossibilidade de escutar as narrativas da maneira como eram feitas pelos contadores de histórias, cujos efeitos dramáticos, gestuais e auditivos são intransmissíveis nas versões escritas dos mesmos contos[17].

Meireles conta que Selma Lagellof, ao receber o Prêmio Nobel em1909, falou de suas dívidas para com aqueles que contribuíram para sua formação através de contar histórias – seu pai, os cavaleiros errantes, as velhas contadoras de histórias à beira da floresta, os pálidos monges que tiveram visões e ouviram vozes (p. 80). Meireles reforça nossa opção metodológica, quando diz:

> O gosto de contar é idêntico ao de escrever – e os primeiros narradores são os antepassados anônimos de todos os escritores. O gosto de ouvir é como o gosto de ler. Assim, as bibliotecas, antes de serem estas infinitas estantes, com as vozes presas dentro dos livros, foram vivas e humanas, rumorosas, com gestos, canções, danças entremeadas às narrativas. (p. 49)

A ação pós-leitura criada neste projeto confirma Bettelheim, que alerta para a inconseqüência e incompletude da narrativa mágica pura e simples, sem que seja dada aos ouvintes/leitores uma oportunidade de reflexão:

> Quando os contos de fadas estão sendo lidos para crianças em salas de aulas ou em bibliotecas durante a hora da história, as crianças parecem fascinadas. Mas com freqüência elas não recebem nenhuma oportunidade de meditar sobre os contos ou reagir de outra forma. (p. 75)

As reações emocionais se entrelaçam com as intelectuais na realização da catarse, um alívio das tensões. Esse aspecto da narrativa, mais voltado para a magia e a fantasia, irá trazer soluções satisfatórias para a psique infantil. Acredito que o equilíbrio entre contos mágicos e histórias realistas, como já dito, favorecerá a saúde psicossocial e o desenvolvimento integral do leitor-ouvinte, ultrapassando a visão psicanalítica de Bettelheim, que atribui aos contos de fadas o papel central da educação moral, através de conceitos éticos significativos.

---

[17] Igualmente informativo é o capítulo "História Oral", por Gwyn Prins, in *A escrita da história* (Org. Peter Burke). Prins procura validar a legitimidade da cultura oral na história de um povo ("a história escrita com a evidência acumulada de uma pessoa viva", p. 163).

Neste projeto,a conversa inicial e a atividade pós-leitura contribuíram para configurar a dinamização dialógica da leitura do texto e da vida, pois instigam a revelação de perguntas e respostas individuais e coletivas críticas e criativas, parcerias vitais na luta contra a transformação dos produtos humanos em mercadoria. O texto literário é arte. E a arte não pode ser reduzida a mercadoria, pretexto, complementação de trabalho escolar para avaliação.

É tarefa da escola e da biblioteca estimular o prazer de ler e a fruição da leitura. Essa tarefa inclui provocar a sensação incômoda, mas profundamente necessária, de estar alerta, de duvidar das respostas fáceis e prontas, de questionar a consistência e validade social dos gostos e valores éticos e estéticos. A leitura literária não se resume a um tecido de sensações ingênuas e superficiais, uma fase preliminar que tende a desaparecer à medida que vamos encontrando interpretação racional e experimental para os fatos narrados, reais ou ficcionais. Esse não é um privilégio do saber científico.

O tempo todo, somos chamados a ler com os sentidos, com as emoções e a razão, uma prática humana, cotidiana, crucial e indispensável à permanência no mundo, às relações com as gentes, o espaço, a vida. Essa é a verdadeira leitura, que se aplica igualmente a pessoas e textos. Aguçar e aprofundar o entendimento das manifestações artístico-literárias é necessidade vital, condição fundamental de atuação sobre o mundo, na busca e no alcance de equilíbrio coletivo e individual. Portanto, é urgente ler e desenvolver leituras integrais. Se a leitura for consistente, coerente, permanente, prazerosa, criativa, provocará sentimentos, pensamentos, transformações. Esse parece ser o rumo da liberdade verdadeira: sentir, provocar, pensar, transformar. De preferência, em todos os lares, em todas as escolas, em todas as bibliotecas.

Referências

AGUIAR, Vera T. de. O livro literário infantil na pré-escola brasileira. In: *Boletim Informativo Educação Pré-Escolar*, SESU/SEB, MEC, abril 1988

AGUIAR E SILVA, Vitor M. *Teoria da literatura*. Coimbra: Livraria Almedina, 1973

ANAIS DO 7º COLE. Campinas, UNICAMP, 1991

BARTHES, Roland. *O prazer do texto*. São Paulo: Perspectiva, 1987

BENJAMIN, Walter. *Obras Escolhidas I, II, III*. 4. ed. São Paulo: Brasiliense, [s.d.]

BETTELHEIM, Bruno. *A psicanálise dos contos de fadas*. Rio de Janeiro: Paz e Terra, 1980

BRANDÃO, Carlos R. (Org.). *O educador: vida e morte*. Rio de Janeiro: Graal, 1985

BURKE, Peter (Org.). *A escrita da história*. São Paulo: UNESP, 1992

CADERNOS CEDES, *Educação e Saúde*, n. 4. São Paulo: Cortez Editora, 1984

CANDAU, Vera (Org.). *A didática em questão*. 5. ed. Petrópolis: Vozes, 1986

CANDIDO, Antonio. *Literatura e sociedade*. 5. ed. São Paulo: Cia. Editora Nacional, [s.d.]

CARVALHO, J. G. Herculano de. *Teoria da linguagem*. Coimbra: Atlântica, 1979. v. 1, 4ª tiragem

COELHO, Nelly Novaes. *Literatura infantil*. São Paulo: Ática, 1991

CRYSTAL, David. *O que é LINGÜÍSTICA?* Rio de Janeiro: Ao Livro Técnico, 1981

CUNHA, F.; NISKIER. *A administração das escolas: uma gerência inovadora*. Rio de Janeiro: Bloch Editores, 1985

DARNTON, Robert. *O grande massacre de gatos*. Rio de Janeiro: Graal, 1986

DEMO, Pedro. *Política social das décadas de 60 e 70*. Fortaleza: Edições UFC, 1981

DEMO, Pedro. *Avaliação qualitativa*. São Paulo: Cortez, 1987

ECO, Umberto. *A estrutura ausente*. São Paulo: Perspectiva, 1987

FERREIRA, Aurélio B. Hollanda. *Novo dicionário da língua portuguesa*. Rio de Janeiro: Nova Fronteira, 1975

FERREIRO, Emilia. *Reflexões sobre alfabetização*, n. 17. 4. ed. São Paulo: Cortez Editora, [s.d]

FRANCHI, Eglê. *A redação na escola*. 3. ed. São Paulo: Martins Fontes, 1986

FREIRE, Paulo. *A importância do ato de ler em três artigos que se completam...* São Paulo: Cortez, 1986

FREIRE, Paulo. *Pedagogia do oprimido*. 17. ed. Rio de Janeiro: Paz e Terra, 1987

FREIRE, P.; FAUNDEZ. *Por uma pedagogia da pergunta*. Rio de Janeiro: Paz e Terra, 1985

FREIRE, Paulo *et al*. *Vivendo e aprendendo*. São Paulo: Brasiliense, 1985

FREITAS, M. T. N. *et al*. Educação pela Leitura: uma experiência. In: *Revista Perspectiva*, Florianópolis, UFSC, ano 3, n. 7, julho/dezembro 1986

GUTIERREZ, Francisco. *Linguagem total*. São Paulo: Summus, 1978

JUDICE, Norimar. *Produção de texto: uma perspectiva sócio-cultural*. Dissertação (Mestrado em Letras) – UFF, Niterói, 1989. (mimeo)

KERLINGER, Fred N. *Metodologia da pesquisa em ciências sociais*. São Paulo: E.P.U./EDUSP, 1980

LAJOLO, Marisa; ZILBERMAN, R. *Literatura infantil brasileira*. 2. ed. São Paulo: Ática, 1985

LEAHY-DIOS, Cyana. *A dinamização da leitura na biblioteca escolar*. Dissertação (Mestrado) – Faculdade de Educação, Universidade Federal Fluminense, Niterói, 1989. (mimeo)

LEAHY, Cyana; LAGE, C. *Língua e literatura: uma questão de Educação?* São Paulo: Papirus, 2001

LEAHY-DIOS, Cyana. "A educação literária de jovens leitores: motivos e desmotivos". In: RETTENMAIER, M.; RÖSING, T. *Questões de literatura para jovens*. Ed. Universidade de Passo Fundo, 2005

LIMA, Balina Bello. *Ampla didática*. Niterói: EdUFF, 1984.

LUDKE, Menga; ANDRÉ, M. *Pesquisa em educação: abordagens qualitativas*. São Paulo: E.P.U., 1986

LYOTARD, J. F. *O pós-moderno*. Rio de Janeiro: José Olympio,1990

MARTINS, Maria Helena. *O que é leitura*. São Paulo: Brasiliense, 1989

MATTOSO CAMARA Jr., J. *Princípios de lingüística geral*. Rio de Janeiro: Padrão Livraria Editora, 1980

MEIRELES, Cecília. *Problemas da literatura infantil*. Rio de Janeiro: Nova Fronteira, 1984

MELLO, Guiomar Namo de. *Magistério de primeiro grau*. 6. ed. São Paulo: Cortez Editora, 1986

MERHY, Emerson. In: *CADERNOS DO CEDES*, Educação e Saúde, São Paulo, Cortez Editora, n. 4, 1984

NASCIMENTO, Lauren S. do. *A sala de aula: a pose e a posse do saber*. Monografia (pós-graduação em Educação) – UFF, 1992

REVISTA NOVA ESCOLA, São Paulo, Fundação Victor Civita, n. 64, março 1993

PERROTTI, Edmir. *O texto sedutor na literatura infantil*. São Paulo: Ícone Editora, 1986

PERROTTI, Edmir. *Confinamento cultural, infância e leitura*. São Paulo: Summus, 1990

PINO, Ivany R. (Coord.). *Educação e saúde*. São Paulo: Cortez/CEDES, 1984

PORTELLA, Eduardo. *Fundamento da investigação literária*. Rio de Janeiro: Tempo Brasileiro; Fortaleza: UFC, 1981

REVISTAS LEITURA: TEORIA E PRÁTICA, Campinas, ABL/UNICAMP, Faculdade de Educação, n. 13 (1989), n. 14 (1989), n. 15 (1990), n. 16 (1990), n. 17 (1991), n. 18 (1991), n. 19 (1992)

REVISTA O VALOR DO ENSINO PÚBLICO, ano 1, n. 1, MEC 1990

RODRIGUES, Neidson. *Por uma nova escola*. 5ª ed. São Paulo: Cortez Editora, 1986

ROGERS, Carl. *Tornar-se pessoa*. 2. ed. São Paulo: Martins Fontes, 1976

ROSEMBERG, Fúlvia. "Educação formal e mulher: um balanço parcial da bibliografia". In: REVISTA UMA QUESTÃO DE GÊNERO, Rio de Janeiro, Rosa dos Tempos; São Paulo, Fundação Carlos Chagas, 1992

SAFFIOTI, Heleieth. "Rearticulando Gênero e Classe Social". In: REVISTA UMA QUESTÃO DE GÊNERO, Rio de Janeiro, Rosa dos Tempos; São Paulo, Fundação Carlos Chagas, 1992

SAVIANI, Dermeval. *Ensino público e algumas falas sobre a universidade*. São Paulo: Cortez, 1984

SILVA, Ezequiel Teodoro. *O ato de ler*. São Paulo: Cortez, 1987

SILVA, Ezequiel Teodoro. *Leitura na escola e na biblioteca*. 2. ed. Campinas: Papirus, 1986

SOARES, Magda B. *Linguagem e escola*. São Paulo: Ática, 1986

SPITZER, Leo. *Introducción a la estilística romance*. Buenos Aires: Instituto de Filologia, 1942

TEORIA E EDUCAÇÃO, Porto Alegre, Pannonica, n. 5, 1992

TRIVIÑOS, Augusto. *Introdução à pesquisa em ciências sociais*. São Paulo: Atlas, 1987

VANOYE, Francis. *Usos da linguagem*. São Paulo: Martins Fontes, 1987

REVISTA VEJA, São Paulo, Editora Abril, ano 26, n. 11, março 1993.

VIANNA, Ilca. *O planejamento participativo na escola*. São Paulo: EPU, 1986

YOLANDA, Regina; MOREIRA, V. L. *Linguagem e criatividade na escola de 1º grau*. Rio de Janeiro: Primor Educacional, 1976

ZILBERMAN, R. *Estética da recepção e história da literatura*. São Paulo: Ática, 1989

ZILBERMAN, Regina; SILVA, E. T. (Org.). *Leitura: perspectivas interdisciplinares*. São Paulo: Ática, 1988

ZILBERMAN, Regina; MAGALHÃES, L. C. *Literatura infantil: autoritarismo e emancipação*. 2. ed. São Paulo: Ática, 1984. (Ensaios 82)

ANEXOS

Anexo 1

Indexação: síntese, exemplificação, temas

Indexar significa, literalmente, "ato ou efeito de fazer índices para livros ou de pôr em ordem alfabética, ou outra, qualquer série de palavras ou frases destinadas a auxiliar a localização de informações específicas" (Ferreira, 1975, p. 758). Bibliotecários usam o termo para se referir às listagens de títulos numa biblioteca, com discriminação de suas características principais. Sem os profissionais de Ciência da Informação, na última fase, optamos por simplificar a indexação dos títulos dos acervos das bibliotecas escolares por onde passou o projeto de *Dinamização da Leitura*, visando a facilitar a continuidade da ação em caráter permanente, por professores e responsáveis pelas bibliotecas das escolas.

Para não impor um texto, determinado pela preferência exclusiva do narrador, mas sim sugerir leituras de temáticas relevantes e significativas para o grupo em dado momento, trabalhamos por meio de temas geradores na organização do acervo, agrupando sob esses temas os títulos pertinentes. Após identificar cada título, acrescentamos uma (ou mais) sugestão de atividade pós-leitura já experimentada com sucesso.

Dentro do acervo infanto-juvenil disponível, elaboramos uma pequena relação dos temas surgidos na conversa preliminar, dos textos lidos e, posteriormente, revistos como atividade criativa pós-leitura. Os principais temas sob os quais foram listados os títulos são:

- aventuras de gente: *Zero zero alpiste*, de Ana Maria Machado; *Arranhão engavetado*, de Santuza Abras;
- problemas, brigas e desafios: *O praça quinze*, de Paula Saldanha;
- medo e insegurança: *Chapeuzinho amarelo*, de Chico Buarque;
- diferenças de personalidade e de temperamento: *O dono da bola*, de Ana Maria Machado; *Raul da ferrugem azul*, de Ana Maria Machado;

• diferenças físicas e a aceitação do diferente: *O menino maluquinho*, de Ziraldo;

• cores: mudanças, trocas, criação: *Flicts*, de Ziraldo;

• folclore, culturas e diferenças: *Bichos da África*, de Rogério Andrade Barbosa;

• relações de poder: *O reizinho mandão*, de Ruth Rocha; *O que os olhos não vêem o coração não sente*, de Ruth Rocha;

• solidariedade e amizade: *O sapateiro feliz e Canequinho e o dinheiro*, adaptações de Fernando Sabino;

• festas e brincadeiras: *Lúcia-já-vou-indo*, de Heloísa Penteado;

• estereótipos de gênero (meninos x meninas): *Aninha e João*, de Lúcia Miners;

• magia: fadas, bruxas, castelos (todos os contos de fadas)

• relações familiares: *O menino que descobriu o sol*, de Roberto Gomes;

• curiosidade: *A curiosidade premiada*, de Fernanda Lopes de Almeida;

• criatividade: *Marcelo, marmelo, martelo*, de Ruth Rocha;

• a descoberta do amor/ sons e poesia: *Gato malhado e Andorinha sinhá*, de Jorge Amado; *Classificados poéticos*, de Roseana Murray;

• tristeza e depressão: *O coração de Corali*, de Eliane Ganem;

• culinária: *Fogãozinho*, de M. S. Libânio Christo.

E mais:

• adivinhações / a descoberta do corpo / natureza e ecologia / folclore e lendas brasileiras / aventuras de animais etc.

Anexo 2

Exemplo de indexação

Exemplo de indexação do acervo sob o tema *natureza/ecologia*:

ANDRADE, Maria Nunes. *Cirandinha*. Editora Conquista.
Trata da mutação de uma desprezada lagarta em bela borboleta. No projeto, as atividades pós-leitura realizadas foram as elaborações de painel de insetos (desenho, recorte, pintura e colagem), de mural ilustrando as mutações da lagarta à borboleta e de ilustrações individuais do texto.

ASSUMPÇÃO, Lucy. *Coração verde*. Editora José Olympio.
A menina Sônia, apaixonada por hortas, imagina que os animais e os homens nascem como os vegetais, não encontrando resposta na observação da natureza, recorre à avó. O livro fala em germinação, reprodução e na satisfação da curiosidade após intensa busca. Atividades sugeridas: painel coletivo com os processos de germinação dos vegetais e da rep rodução animal; criação de pequena horta em caixotes; composição poética em pequenos grupos; reinvenção do final da história.

AZEVEDO, Ricardo. *Araújo ama Ophélia*. Editora Melhoramentos.
História do casal idoso que luta pela preservação da memória, do sentimento, e da natureza, que podem conviver com o novo, o presente. Sugerimos as atividades de ilustração do texto, composição gráfica coletiva do quarto, da casa, da rua, do bairro; discussão sobre a experiência acumulada pelos mais velhos, e o papel do idoso em nossa sociedade, em comparação com outras sociedades, como a indígena e as orientais.

CORALINA, Cora. *Os meninos verdes*. Editora Global.
Mulher encontra pequeninos seres verdes no quintal, cuida deles por algum tempo, até que se sente na obrigação de repassar a responsabilidade para

cientistas e o presidente do país. As atividades que consideramos adequadas foram: construção de painel coletivo, recontar a história por meio de imagens; a criação de fantoches de dedo; a complementação da narrativa, pela ótica dos próprios meninos verdes; e a modelagem dos personagens com massa plástica.

CORDEIRO, Bellah Leite. *A casa de joão de barro*. Editora Paulinas.
Menino destrói casa construída pelo passarinho joão-de-barro, mas logo se arrepende. A narrativa é em versos, e optamos por trabalhar a construção poética individual (versos) e coletiva (poemas).

DAHL, Roald. *O dedo mágico*. Editora Record.
Família caçadora experimenta por um dia as aflições de ser caçada e muda sua posição em relação aos animais e à vida, num texto que une ecologia e aventura em proposta "vegetariana". Sugerimos continuar a história, criando acontecimentos com personagens da narrativa, como a professora Primavera e George Pena.

FRANÇA, Mary & Eliardo. *A árvore e os bichos*. Editora Conquista.
Árvore solitária procura amigo entre os animais da floresta. A proposta pós-leitura considera a troca de bilhetes, expostos em mural; a criação de painel gráfico sobre os animais da floresta; a brincadeira de "correio da amizade"; início de correspondência entre os colegas e outros amigos.

FRANÇA, Mary & Eliardo. *O que devemos saber sobre as aves*. Editora Tecnoprint.
Texto que facilita o conhecimento das aves. Foram criados desenhos das aves tratadas no texto, para painel com recorte e colagem. As crianças gravaram imitações de cantos e sons dos pássaros conhecidos.

FRANCO, Oranice. *Amazonas, o rio-mar*. Editora Conquista.
A partir de brincadeiras tradicionais, descrição do rio Amazonas. Sugerimos as atividades de composição de mural sobre o rio Amazonas e seus afluentes, a elaboração de varal com desenhos sobre o folclore e o índio brasileiro; a brincadeira de bento-que-bento-é-o-frade.

GREGORI, Ana Elia. *Tico-tiquinho*. Editora Eu e Você.
Tico-Tiquinho e Martim Caçador vivem aventuras na floresta, entre os pássaros, num texto que fala de ecologia, amor e aves. Trabalhamos a teatralização do texto, montando um cenário de papel pardo, hidrocor e giz molhado, criando máscaras com sacos de papel, tinta, recorte e colagem, e falas improvisadas.

MACHADO, Ana Maria. *Gente, bicho, planta*. Editora Nova Fronteira.
Fala das modificações causadas pelo êxodo rural, migração e interferências no fluxo da natureza e da vida. Propusemos a composição de um painel

ecológico, e sugerimos um trabalho com diversos ciclos: da água, da cadeia alimentar, da vida.

MENEZES, Álvaro Ottoni de. *A árvore que fugiu do quintal*. Editora Nórdica.
Uma árvore se assusta com a rapidez das transformações causadas pelo progresso, que provoca a desvalorização do verde e de sua importância vital. A sugestão é trabalhar a encenação teatral do texto, compondo personagens, construindo coletivamente o cenário e o texto do narrador.

NASCIMENTO, Esdras. *Era Urso?* Editora Tecnoprint.
Tratando de estereótipos, aparências e imagens, o texto fala de um urso que dormiu no inverno e acorda na primavera com a floresta derrubada, tendo sido construída uma fábrica no lugar dela. Sem compreender o que se passou, o urso entra na fábrica e é tratado como ser humano. A proposta de atividade é a produção coletiva de um livro artesanal, mural ou painel intitulado "Eu sou assim", ou "Como me vêem", tratando também da oposição cidade x floresta, com desenho, pintura, recorte, colagem e texto. Também se presta à dramatização sobre relações sociais.

OTTONI, Margarida. *Os vegetais falantes*. Ed. Conquista.
São cinco contos sobre jardins e/ou florestas com vegetais falantes, com finais felizes de caráter moralizador. Sugerimos a ilustração dos contos, um painel com texto e ilustração sobre a flora do Brasil, após excursão ao horto municipal.

PIROLI, Wander. *Os rios morrem de sede*. Editora Comunicação.
Utilizando linguagem coloquial, o texto relata um passeio de trem cujo destino é uma pescaria, frustrada pela poluição. Após a leitura, fizemos a reconstrução do meio ambiente imediato, do entorno geográfico, para exposição em mural. Sugerimos uma oficina de redação, utilizando as diferentes normas e funções lingüísticas encontradas no texto; e, ainda, a dramatização de uma pescaria imaginária nos rios poluídos que banham a cidade, estimulando a consciência ecológica.

PORTILHO, Maria Helena. *A revolta das borboletas*. Editora Conquista.
Um grupo de borboletas se revolta contra as obras de construção do metrô, que destroem o jardim. Dependendo das características do grupo de trabalho, sugerimos: explorar ludicamente dobraduras de borboletas criando móbiles; discutir as entrelinhas do texto; elaborar painel coletivo sobre o lado negativo do progresso.

ROCHA, Ruth. *A primavera da lagarta*. Editora Melhoramentos.
Lidando com metamorfose, ecologia, compreensão e aceitação do *Outro*, o texto fala da lagarta feia, gulosa e malquista, que se transforma em linda

borboleta. Nossa sugestão é uma tarefa com massa de modelar caseira (sal, farinha de trigo, água e corantes vegetais) para ilustrar as fases de transformação da lagarta em borboleta. Também se presta à teatralização.

SABINO, Fernando (adapt.). *A árvore generosa*. Editora Ouro.
É o poético e melancólico relato da generosidade de uma árvore, feliz por servir ao amigo em todas as fases de sua vida, não importando o preço pago. Trabalhamos em turmas de 3ª série com painel, exemplificando a exploração muitas vezes destrutiva da natureza pelo homem. Com esse texto, realizamos, também, oficina para educadores, no 3° Seminário de Educação Ambiental, em que um grupo dramatizou o texto, e outro construiu uma árvore de sucata, progressivamente mutilada em performance pública.

SALDANHA, Paula. *Tuc-tuc*. Editora Memórias Futuras.
Um pequenino pássaro faz descobertas no reino animal. Trabalhamos a retitulação da história, a ilustração individual para composição do painel dos animais da floresta.

SAVAGET, Luciana. *A gralha azul*. Editora Cedibra.
Daniela descobre como é útil a gralha azul no processo de surgimento de florestas de pinheiros. O grupo discutiu, no pós-leitura, a utilidade concreta de cada espécie lembrada, estabelecendo relação entre o meio (*habitat*) e os seres vivos (animais). A partir daí, foram inventados nomes para todos os bichos que aparecem na história, inspirados no papel social, natural e ecológico de cada um.

SOUZA, Iza Ramos. *A sementinha bailarina*. Editora do Brasil.
A aventura de uma semente desde seu vôo inaugural para a germinação até se tornar árvore adulta. Trabalhamos a ilustração do texto e a confecção de "televisão de manivela", mostrando o ciclo da vida vegetal e outros nascimentos e formas de vida.

TROTTA, Maria Otília. *À beira-mar*. Editora Abril Cultural.
Sob o tema "litoral", o texto descreve a fauna e a flora marinhas das praias. A turma de 4ª série criou um aquário demonstrativo, com conchas e materiais recolhidos em idas às praias. Os objetos do aquário poderiam também ser feitos de papelão recortado e pintado.

Anexo 3

Questionários aplicados

A) QUESTIONÁRIO INICIAL

UNIVERSIDADE FEDERAL FLUMINENSE
COORDENAÇÃO DE PROJETOS EXPERIMENTAIS
FACULDADE DE EDUCAÇÃO (Departamento SPE)
PROJETO *Dinamização da Leitura em Bibliotecas Escolares*

Cara Professora,

Este questionário objetiva colher alguns dados para subsidiar, inicialmente, o trabalho de nossa equipe com a leitura. Contamos com sua cooperação, respondendo objetivamente às perguntas. Muito obrigada,

A Equipe

Nome:.. Data: ....
Série em que leciona: .... Turma: ....
Cursos que você concluiu: ....

1. Indique o título do último livro que você leu, e quando o leu:
....
....

2. Você leu recentemente algum texto de literatura infanto-juvenil para/com seus alunos? Qual? ....

....

3. Seus alunos sabem ler? ....

4. Eles gostam de ler? ....

5. Como você definiria sua turma (aspectos positivos e negativos)?

....

....

6. Como seus alunos trabalham em grupo (rendimento, comportamento, afetividade)?

....

....

7. Você diria que suas maiores dificuldades com a turma estão no plano cognitivo, psicológico ou social? ....

8. O que você espera do trabalho proposto pelo projeto de Dinamização da Leitura na Biblioteca Escolar? ....

....

Sua assinatura: ....

B) QUESTIONÁRIO FINAL

UNIVERSIDADE FEDERAL FLUMINENSE
FACULDADE DE EDUCAÇÃO – DEPTO. TEORIA E PRÁTICA DE ENSINO
PROJETO: DINAMIZAÇÃO DA LEITURA NA BIBLIOTECA ESCOLAR
EQUIPE: Cyana M. Leahy-Dios (UFF/SPE) e Tania M. Ecard (UFF/COPEX)
Questionário de avaliação das atividades desenvolvidas na biblioteca da Escola

Nome:.. Idade:...............................
Série em que leciona: .... Sua formação: ....

Você pôde perceber alguma modificação em seus alunos após a freqüência à biblioteca para o projeto de dinamização da leitura? Poderia explicar? ....
....
....

Que aspecto(s) você acha que foi priorizado no projeto: o COGNITIVO (estão lendo/ escrevendo melhor), o PSICOLÓGICO (estão menos agressivos, mais afetuosos, aumentou sua autoestima), o SÓCIO-POLÍTICO (estão trabalhando melhor em grupos, brigam menos, se aceitam melhor)? Caso não tenha observado qualquer desses aspectos, por favor comente, deixando suas críticas ao trabalho desenvolvido.
....
....
....

Pensando em suas expectativas em relação à proposta, você se diria satisfeita?......... decepcionada?......... Indiferente? .... Sem opinião formada?.............

Como seus alunos se manifestaram acerca do trabalho de Dinamização?
....
....
....

.Que sugestões você daria para melhorar o projeto de Dinamização?

....

....

Queremos muito agradecer seu incentivo e participação ativa, e nos colocamos à disposição para trocas e informações. Agradecemos ainda sua disponibilidade em nos acompanhar nos encontros, acreditando nas possibilidades transformadoras do livro, da leitura, da literatura.

Um grande abraço,
Tânia e Cyana

Anexo 4

Eventos

Aconteceram eventos concomitantes ao projeto de pesquisa e ação *Dinamização da Leitura na Biblioteca Escolar*, e que serviram como oportunidades de troca, integração, informação e descobertas.

1) O primeiro espaço de informação da proposta surgiu com um convite da coordenação do curso de Biblioteconomia da UFF para uma palestra a ser dada por mim para alunos e professores do curso. Na ocasião, fiz um relato crítico da experiência descrita em minha dissertação de mestrado. Era agosto de 1989, e, então, a coordenação do curso já reconhecia a necessidade de reformulação do currículo de formação acadêmica dos bibliotecários, visando a aproximá-los dos usuários, humanizando a relação tão enfaticamente tecnicista. Além disso, havia a preocupação com a formação do público-leitor desde os primeiros anos de vida escolar, e o/a profissional de biblioteca seria mediador/a na escola básica desse encontro prazeroso e gratificante com o texto escrito.

2) Durante a Feira do Livro Infanto-Juvenil da UFF, em 1990, fui convidada pela COPEX a expor o projeto de *Dinamização da Leitura*, em palestra aberta a educadores, leitores e o público em geral. A receptividade à proposta foi grande, surgindo daí convites para oficinas, palestras e demonstrações da metodologia de dinamização em escolas de Niterói e do interior do Estado.

3) A convite de Laura Sandroni, coordenadora do projeto *Quem Lê Jornal Sabe Mais*, a equipe de dinamização esteve na Fundação Roberto

Marinho, em 1990, narrando a história de nossa experiência junto aos leitores do CIEP. Reconstruímos ainda a estrutura metodológica do projeto, trocando referencial teórico com a audiência, constituída basicamente por professores, bibliotecários e autoridades educacionais do Estado e do município (RJ).

4) Na abertura dos trabalhos do PROALE, em maio de 1991, coordenei, junto a professores e técnicos educacionais do estado do Rio de Janeiro, um grupo de reflexão e troca de experiências, composto de representantes da Região dos Lagos.

5) Nossa equipe prestou assistência técnica na organização da Feira do Livro Infanto-Juvenil da UFF em 1991, demonstrando o processo de dinamização da leitura a pequenos grupos de professores interessados. Nessa ocasião surgiu o convite para levar o projeto à Escola Estadual (2ª retomada).

6) A organização do *I Seminário Interno da Criança e do Adolescente*, pela Pró-Reitoria de Extensão da UFF, nos convidou a participar em uma mesa de comunicações de experiências realizadas com crianças e jovens, envolvendo literatura, música e artes plásticas, em 1992. Na platéia, professores, estudantes de Letras, Educação, Biblioteconomia e Serviço Social, além do público interessado em geral. Na ocasião, a equipe foi convidada pela coordenadora Marília Alves, do Programa Nacional de Leitura (PROLER), vinculado à Biblioteca Nacional do Rio de Janeiro (BN), a integrar o programa.

7) Nossa equipe participou da organização, planejamento e realização da Feira do Livro da Faculdade de Educação da UFF, em 1992, apresentando trabalho na sessão de comunicações, intitulado "Vivendo a Literatura Infanto-Juvenil", com uma discussão teórico-metodológica e demonstração prática do projeto de *Dinamização da Leitura*.

8) Responsável pelo planejamento e organização do *III Seminário de Educação Ambiental* na UFF, juntamente com a UERJ e a UFRJ, a Fundação Brasileira para a Conservação da Natureza (FBCN) nos convidou a oferecer uma oficina literária para educadores em geral sobre o projeto de dinamização da leitura, em novembro de 1992, no Instituto de Geociências da UFF. Trabalhando o desenvolvimento do pensamento ecológico que privilegia o ser humano, a partir de textos de literatura juvenil, promovemos a discussão, troca de experiências e a criação artística a partir da narrativa literária.

9) Como parte do projeto de *Dinamização da Leitura* em bibliotecas escolares, a equipe ofereceu à Secretaria Estadual de Educação, em Niterói, uma oficina de reflexão e demonstração metodológica do projeto, para professores em salas de leitura e/ou bibliotecas escolares, na biblioteca da E. E. Manuel de Abreu, em novembro de 1992, com a presença de vinte educadoras.

Qualquer livro da Editora não encontrado
nas livrarias pode ser pedido por carta,
fax, telefone ou pela Internet.

Autêntica Editora

Rua São Bartolomeu, 160 – Bairro Nova Floresta
Belo Horizonte-MG – CEP: 31140-290
PABX: (0-XX-31) 3423 3022
e-mail: vendas@autenticaeditora.com.br

Visite a loja da Autêntica na Internet:
www.autenticaeditora.com.br
ou ligue gratuitamente para
0800-2831322
